W0173414

Christina van Straaten

Skorpion

Liebe, Lust & Partnerschaft

FALKEN

Inhalt

1. Astro-Profil
Die Sterne stellen vor:
Der Skorpion

Sein Element ist das Wasser. Von Pluto und Mars beherrscht, ist der Skorpion in jedem Sinne ein kraftvoller und vitaler Typ, gefühlsstark, ausdauernd und von analytischem Verstand. Immer wieder sucht er die Herausforderung, um seine Kraft zu erproben, seinen Wert zu messen. Angetrieben von seinem Siegerinstinkt, geht er schwierige Situationen konsequent und energisch an. Dabei ist er in der Regel kompromisslos, Rücksichtnahme ist ihm fremd. Niederlagen erträgt der Skorpion nur schwer.

Die Grundfärbung der Skorpion-Seele

Der Monat des Skorpions ist die Regenerationsphase der Natur zwischen Vergehen und neuem Werden.

Kühl und unwirtlich wie die Jahreszeit, in die der Skorpion hineingeboren wird, erscheint oft auch sein Wesen. Sein Selbstbewusstsein und sein ausgeprägter Durchsetzungswille lassen ihn häufig rücksichtslos und arrogant wirken. Zwingt man ihn aber nicht zum Kampf, sondern akzeptiert seine Autorität, ist er ein angenehmer Partner, der durch Charme und Humor zu gewinnen weiß. Skorpione mit dem Aszendenten Waage sind in dieser Hinsicht unschlagbar. Gelingt es, die Sympathie eines Skorpions zu erringen, wird man hinter der spröden, kühlen Fassade einen einfühlsamen und toleranten Freund finden, der einem immer verlässlich und hilfsbereit zur Seite steht.

Als drittes Wasserzeichen des Tierkreises steht er mit dem Beständigen des Wasserelements in Verbindung. Strukturiertheit ist sein Wesensmerkmal. Das

Zeichen des Skorpions wird dem achten Haus zugeordnet, dem Haus des Werdens und Vergehens. In solche Abläufe – seien sie materieller oder ideeller Natur – greift der Skorpion nur allzu gerne ein. Er fühlt sich wohl, wenn er vorantreibend tätig sein kann. Er liebt es, eine Sache maßgeblich zu beeinflussen und auch erfolgreich zu Ende zu führen. Selbstzweifel oder Skrupel stehen ihm dabei in der Regel nicht im Weg.

Skorpion-Maxime 1:
Das Leben besteht aus einer Reihe von Abweichungen, die korrigiert werden müssen.

Erleidet der Skorpion einmal eine Niederlage, so verletzt ihn das zutiefst, und er vergisst es nie. Ergibt sich für ihn irgendwann einmal die Chance zur Vergeltung, so wird er sie entschlossen nutzen.

Der Skorpion und seine Aufgabe im Leben

Die bestimmendste Eigenschaft, die das Fühlen und Handeln eines Skorpions beeinflusst, ist sein analytischer Verstand. Mit ihm seziert er akribisch jeden Sachverhalt, bis er selbst seine Position bezieht. Sein Denken ist logisch und auf Klarheit ausgerichtet. Kurz gesagt: im Kreise seiner Wasser-Kollegen ist er der Intellektuelle. „Der Fisch fühlt mit, der Krebs hilft mit, der Skorpion denkt mit."

In der Antike wurde nicht ohne Grund dem Skorpion die Göttin Athene zugesellt. Sie galt als scharfsinnig, listenreich und spitzzüngig. Wie einst Athene vermag auch der Skorpion diese Eigenschaften sowohl nutzbringend als auch zerstörerisch einzusetzen. Dabei scheut er jedoch jedes Risiko. Obwohl der Skorpion voller Energie und Tatendrang steckt, handelt er in der Regel nicht spontan, sondern planvoll und organisiert. Hat er sein Ziel erfasst, bereitet er den Schuss gründlich vor.

Skorpion-Maxime 2:
„Mensch, hierin besinne dich vor sich und hinter sich; es ist nichts vergebens." (Jacob Böhme)

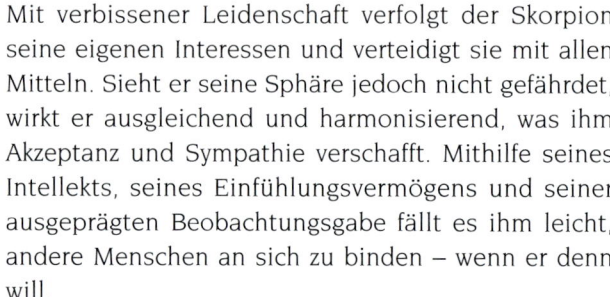

Mit verbissener Leidenschaft verfolgt der Skorpion seine eigenen Interessen und verteidigt sie mit allen Mitteln. Sieht er seine Sphäre jedoch nicht gefährdet, wirkt er ausgleichend und harmonisierend, was ihm Akzeptanz und Sympathie verschafft. Mithilfe seines Intellekts, seines Einfühlungsvermögens und seiner ausgeprägten Beobachtungsgabe fällt es ihm leicht, andere Menschen an sich zu binden – wenn er denn will.

Skorpione lassen sich nur ungern von anderen etwas sagen. Entweder sie werden irgendwann Chef oder sie machen sich selbstständig.

Skorpione sind Führungspersönlichkeiten, ebenso gut aber auch Einzelkämpfer. Sie haben das Zeug dazu, hoch zu steigen, laufen aber auch Gefahr, tief zu fallen.

Zu ihrem widersprüchlichen, leidenschaftlichen Wesen kann man keine gleichgültige Haltung einnehmen; man kann es nur lieben oder hassen.

Der Skorpion und seine Gefühle

Der Skorpion gilt als das leidenschaftlichste aller Zeichen – schnell entflammbar, doch nie oberflächlich. Schnelle Flirts ohne Gefühl sind nicht nach seinem Geschmack. Wenn es ihn erwischt, dann ist es jedesmal für immer. Doch so heiß die Liebesflamme in ihm auch lodern mag, nach außen gibt er sich kühl, oft sogar desinteressiert. Derweil spinnt er mit Bedacht das Netz, in dem er das „Opfer" seiner Leidenschaft zu fangen gedenkt.

Skorpion-Maxime 3:
Es gibt keine ausgeglichenen Menschen, es gibt nur langweilige.

Einmal im Netz, hat es der Partner eines Skorpions nicht leicht. Er ist fordernd und dominant. Oft neigt er dazu, seinen Partner durch einen strengen Katalog von Regeln und übertriebene Eifersucht einzuschränken. Freiheiten, die er sich herausnimmt, eine Single-Party, einen Urlaub solo, einen Seitensprung etwa, gesteht er seinem Partner in der Regel nicht zu.

Menschen, die in einer Beziehung die „starke Schulter" suchen, sind beim Skorpion bestens aufgehoben. Sein starkes, vitales Wesen vermittelt ein Gefühl der Geborgenheit und des absoluten Schutzes. Nimmt man ihn so, wie er ist, wird man ihn nicht nur als dominanten Herrscher, sondern auch als zärtlichen und aufopferungsvollen Gefährten erleben.

Wie gut oder wie schlecht es sich mit einem Skorpion leben lässt, hängt nicht zuletzt von seinem Aszendenten ab: Manche Skorpione sind Arbeitstiere, die viel Zeit im Büro zubringen und die Liebe als Hobby pflegen, andere neigen zur Eifersucht, sind dafür aber treu und häuslich. Das Gute läge wie so oft eher in der Mitte, doch die findet sich bei einem Skorpion selten. Er hasst die Mittelmäßigkeit und liebt das Extreme, das Ausgefallene – auch am Partner oder der Partnerin, mit der er lebt. Sein Geburtsherrscher Pluto setzt den Skorpion in die Lage, Menschen nicht nur nach ihren Taten, sondern nach ihren verborgenen Motiven zu beurteilen. Wer mit ihm träumt, kann in andere Dimensionen gelangen.

Der Durchschnittsskorpion ist süchtig nach Anerkennung und Selbstbestätigung. Um geliebt zu werden, setzt er stets all seine Talente und Fähigkeiten ein. Stößt er auf Ablehnung, zieht er sich innerlich in den Schmollwinkel zurück, nach außen gibt er sich gleichgültig, verbindlich, herablassend. Der Skorpion ist empfindlich wie eine Mimose und nachtragend wie ein Elefant, sagt man. Gelingt es ihm nicht, den Verursacher einer Niederlage zu bestrafen, kann ein Skorpion ein Leben lang daran leiden. An den Wechselbädern in seiner Seele lässt er nur selten jemanden teilhaben. Wenn ja, ist dies eine Auszeichnung.

Skorpion-Herrscher Pluto hat seine Entsprechung in der antiken Götterwelt. Wenn der Herr der Finsternis die Erde betrat, trug er einen Helm, der ihn unsichtbar machte. Er richtete in seinem Reich die Menschen nicht nach Taten, sondern nach ihren Motiven.

13

Skorpion on the Job

Egal, welche berufliche Aufgabe sich dem Skorpion stellt, er erfüllt jede mit Hingabe und Leidenschaft. Seine herausragenden taktisch-strategischen Fähigkeiten befähigen ihn für viele Jobs. Als Jurist oder Kriminalist kommen ihm seine Stärken besonders entgegen: Er ist Meister im Aufspüren des Verborgenen, Dunklen, er beobachtet seinen Gegner genau, studiert akribisch die Sachlage und geht dann zum Angriff über. Der Skorpion glänzt überall dort, wo es gilt, Theorie und Praxis miteinander zu verbinden. Seine physische Ausdauer und seine Geschicklichkeit kommen ihm dabei entgegen. Er verfügt über Kraft, Präzision und die Gabe zur Improvisation. Unter Medizinern und Wissenschaftlern findet man die Skorpion-Geborenen ebenso wie unter Computerspezialisten, Mechanikern und ähnlichen Berufsgruppen. Ihre starke Ausstrahlung prädestiniert sie weiterhin für Berufe in Politik, Kunst und Lehre. Auch in der Landwirtschaft – als Bauer oder Züchter – kann der Skorpion sehr erfolgreich sein. Mit seinem analytischen Verstand – oft auch mit Experimentierfreude – greift er erfolgreich in den Naturzyklus ein. Dass die dümmsten Bauern die größten Kartoffeln ernten, ist schlussendlich doch nur ein Sprichwort.

Als Vorgesetzter fordert der Skorpion von seinen Mitarbeitern unbedingten Gehorsam und Korrektheit. Fehler können einem Mitarbeiter schnell den Job kosten. Ordnet man sich ihm unter und erfüllt die anstehenden Aufgaben zu seiner Zufriedenheit, ist er ein durchaus angenehmer Chef, der auch mal lobt. Als Mitarbeiter ist der Skorpion zuverlässig und fleißig. Er ist stets bemüht jede Aufgabe hundertprozentig zu erledigen und innerhalb seines Teams die erste Position einzunehmen.

Plutonische Energien befähigen den Skorpion, das „kollektive Unterbewusste" für seinen beruflichen Aufstieg zu nutzen. In Verbindung mit den Potenzen des Mars steht im Job kraftvoll dynamisches Agieren auf der Tagesordnung.

Panther im Sprung – Der Skorpion-Mann

Ein männlicher Skorpion folgt ausschließlich seinen eigenen Gesetzen. Er fragt nicht, er handelt, auch wenn er dabei gegen Normen verstößt. Er liebt die Gefahr und scheut kein Abenteuer.

Der Skorpion-Mann wird als rau und spröde, mit einer starken Neigung zum Jähzorn, beschrieben. Dabei kommen seine Mitmenschen nur meist mit seinem vulkanischen Temperament nicht zurecht. Dieser Mann bietet ein grandioses „Naturschauspiel" – aber er neigt eben auch zu gefährlichen Ausbrüchen.

Skorpion-Männer schätzen es, wenn sie bei einer Frau Widerstände überwinden müssen. Sind die Fronten erst einmal geklärt, dulden sie keinen Widerspruch.

Die fanatische Wahrheitsliebe ist eine seiner auffälligsten Eigenschaften: Nichts ist ihm so verhasst wie eine Lüge. Bittet man ihn um seine Meinung, so spricht er sie ohne Rücksicht auf Verluste aus – positiv wie negativ. Gerät man mit ihm in Streit, so zeigt er seinen Stachel. Er verficht auch dann noch seinen Standpunkt,

wenn er längst weiß, dass er im Unrecht ist. Einen Fehler einzugestehen, grenzt für ihn fast ans Unmögliche – auch sich selbst gegenüber. Er will nicht immer das Sagen haben, er bevorzugt das Machen, das Organisieren. Seiner Meinung nach können das diejenigen, die das Sagen haben, meist nicht gut genug.

Dank seiner Intelligenz und seiner Beobachtungsgabe versteht er es, seine herrische Natur durch wohl kalkuliertes verbindlich-freundliches Verhalten zu verhüllen. Er tut dies – je nach Charakterlage – teils aus Instinkt, teils aus Berechnung: in einer ihm wohlgesonnen Umgebung kann er seine Interessen besser durchsetzen. Dabei vermag er durchaus echte Symphathie zu empfinden und bei anderen hervorzurufen. Warum er jemanden mag oder gar liebt, weiß er in der Regel nicht zu sagen.

Der Skorpion-Mann ist ein Genießer: Er genießt seine Macht oder eine Auseinandersetzung ebenso intensiv und leidenschaftlich wie das Essen und das Trinken und der sinnlichen Genüsse mehr. Dabei ist Herr Skorpion nicht unbedingt ein Gourmet, nur wohlschmeckend und reichlich muss es sein. Eine Frau im Arm, den vollen Bierkrug in der Hand und vor sich eine reichliche Portion Deftiges, so gerät unser Mann in beste Laune. Leicht wird er zum geselligen Alleinunterhalter, den man gern in der Runde hat.

Genuss total – und das ohne Tabus: Skorpion-Männer suchen nach „Komplettlösungen“, um ihre Sinne zu kitzeln.

Ein ewiges Geheimnis – Die Skorpion-Frau

Auch die Skorpionin ist, wie ihr männliches Pendant, eine starke Persönlichkeit. Sie versteht es jedoch noch besser als er, ihr sprödes, gebieterisches Wesen zu verstecken. Sie geht in der Regel freundlich und hilfsbereit auf andere zu, besonders die Männer schwärmen von ihrem verzaubernden Charme. Es bedeutet ihr viel, beliebt zu sein, dafür steckt sie auch schon mal zurück. Natürlich: nicht zu weit!

Sie ist eine überaus selbstständige Person, für die Arbeit ein geradezu natürliches Bedürfnis ist. Daher findet man unter den Skorpion-Frauen viele Unternehmerinnen. Ihre Mitarbeiter behandelt sie oft besser, als es ein männlicher Skorpion tun würde. Sie geht sogar so weit, ihre persönlichen Freunde unter ihnen zu suchen. Jeder Chef, der eine Skorpionin unter seinen Mitarbeiterinnen hat, kann sich glücklich schätzen. Sie arbeitet nicht nur fleißig, zuverlässig und zielstrebig, sondern schafft – hat sie denn einen guten Stand im Team – ein gutes Arbeitsklima.

Probleme sind dazu da, gelöst zu werden. Eine Skorpionin braucht keinen „starken Arm" als Stütze, um aufrecht durchs Leben zu kommen.

An Ausdauer, Konsequenz, Ehrgeiz, Streitbarkeit und Mut steht der weibliche Skorpion dem männlichen in nichts nach. Sie ist jedoch skeptischer und wägt noch genauer ab, bevor sie eine Entscheidung trifft. Im Gegensatz zum Skorpion-Mann spürt sie jedoch, wann sie im Streit zu weit gegangen ist, bleibt aber – genau wie er – trotzdem unnachgiebig. Aus diesem Grund hält sie so mancher für eine zickige Xanthippe.

Die Leidenschaft einer Skorpionin kann bedeutend stärker durchschlagen als bei Skorpion-Männern, besonders in Liebesdingen. Sie versteckt ihr Interesse am Partner nicht, sondern umgarnt den Auserwählten mit Charme und Temperament. Einem Blick in ihre Augen erliegt man schnell. Sie spiegeln Leidenschaft und Geheimnis.

Es ist nicht alles Gold, was glänzt. Skorpion-Damen können sehr wohl edles Metall von Katzengold unterscheiden.

19

Astro-Hotline:
12 Fragen an den Skorpion und 12 mögliche Antworten

Mein Motto	Mein ist die Stunde, der Tag, das Leben.
Mein Ziel	Jeden Tag einen Schritt weiter auf dem Weg nach oben. Stellt sich mir keine Aufgabe, so suche ich mir eine lohnende.
Meine Freunde	… können sich immer auf mich immer verlassen. Ich stehle jedes Pferd mit ihnen.
Meine Feinde	… müssen meine Rache fürchten.
Leute mögen mich	… weil ich gesellig und hilfsbereit bin.
Leute hassen mich	… weil ich erfolgreicher bin als sie.
An anderen schätze ich	… wenn sie mir Paroli bieten können.
Meine größte Stärke?	Ich habe Ausdauer und Durchsetzungsvermögen.
Meine größte Schwäche?	Aus Mangel an Selbstkritik beharre ich auch auf meinen Fehlern.
Als Tier wäre ich	… eine Schlange, die jemanden kraftvoll-schmeichelnd zu umwinden weiß, aber auch giftig zubeißen kann.
Als Pflanze wäre ich	… eine hoch aufwachsende, biegsame Pappel, oder vielleicht auch eine Weide, die am fließenden Wasser wurzelt.
Als Farbe wäre ich	… das kräftige Rot der Muleta, mit der ein Torero den Stier reizt.

Hat sie sich für einen Mann entschieden, ist ihre Treue so zuverlässig, wie ihre Eifersucht erschreckend ist. Sie gilt als besitzergreifend und tyrannisch. Seine Ecken und Kanten beschleift sie so lange, bis er in ihr Geschmeide passt. Dabei geht sie aber mit viel Gefühl und Geschick vor. Ihre unerfreulichen Eigenschaften spürt er nur dann, wenn er sie durch Untreue oder einen anderen massiven Ungehorsam in Rage bringt. Ihr leidenschaftliches, hingebungsvolles Wesen verkehrt sich dann – für ihn oft überraschend – in sein Gegenteil. Sie ist ausgesprochen schwer zu versöhnen. Es ist also nicht ratsam, eine Skorpion-Frau – sei sie die Geliebte oder die beste Freundin – zu reizen oder zu verletzen, denn sie verzeiht in der Regel nicht. Selbst wenn es nicht zum Bruch kommt, bleibt der Vorfall auf immer in ihrem Kopf.

Die Rache ist mein, sprach die Skorpionin. Wenn ein Mann, Jahre nach der Trennung von ihr, Besuch von der Steuerfahndung bekommt, die auch noch genauestens über seine Finanzen Bescheid weiß, sollte er sich fragen, womit er seine Ex verletzt hat.

Es wird niemandem gelingen eine Skorpion-Frau ganz zu kennen. In ihrer Seele bewahrt sie immer ein letztes, unbegreifliches Geheimnis.

2. Analyse: Eine Skorpion-Lovestory

Skorpione können großartige Liebhaber sein. Aber ihr oft zwieschlächtiger Charakter macht sie nicht gerade zu einfachen Partnern. Sie haben zwar ein einnehmendes Wesen, aber sie können ihren Partner auch vollkommen vereinnahmen. Sie können große Gefühle entwickeln, aber sie können auch verdrängte Emotionen auf den Partner projizieren. Sie sind auf der Suche nach der ganz großen Liebe und machen es sich dabei nicht leicht. Sie suchen einen Partner, der das Leben nicht auf die leichte Schulter nimmt.

Die Skorpion-Frau

Warum fällt sie einem Mann auf?

Sie ergreift die Initiative, ohne dass er es weiß. Sie hat ein untrügliches Gespür dafür, den einzigen Schwan in einem Schwarm Graugänse zu erspähen. Ihm wendet sie sich zu, und es wird nicht lange dauern, bis er für andere Frauen keinen Blick mehr hat. Das bloße Versprechen ihrer Sinnlichkeit vermag ihn so zu blenden, dass er blind vor Liebe ist. Das kann ein Hauch Parfum sein, mit dem sie ihn anlockt und gleichzeitig eine Geste, ein Abwenden des Kopfes zum Beispiel, wenn er sie gerade ansprechen will, die ihn scheinbar zurückweist. Ehe er sich's versieht, ist er in ihrem Netz gefangen. Was für eine Frau! Mein lieber Schwan.

Was zieht sie auf Anhieb an ihm an?

Außergewöhnlichkeit. Originalität und innere Stärke. Wenn er in der Lage ist, sie mit originellen Einfällen zu überraschen und Schulterzucken nicht zum „Wortschatz" seiner Körpersprache gehört. Findet er in einer absolut ausgeglichenen Partie Schach mit ihr plötzlich doch noch einen Gewinnweg – vielleicht durch ein gewagtes Damenopfer – wird sie die eigene Niederlage nicht als Verlust verbuchen; vielmehr hat sie ihn als einen Partner kennen gelernt, der das Ziel nicht aus dem Auge verliert und nicht vorschnell einen Kompromiss schließt.

Was will sie zuerst über ihn wissen?

Was ihn antreibt. Wenn er ihr erzählt, dass er im vergangenen Sommer einen Achttausender im Pamir bestiegen hat, imponiert ihr das vorderhand wenig. Sie will wissen, warum er ihn bestiegen hat. Blender scheidet sie sofort aus. Männliches Imponiergehabe verfällt ihrem gnadenlosen Spott. Ein solcher Mann hat es schwer, jemals wieder ihre Achtung zu erringen.

Wenn sie ihren Favoriten erspäht hat, schmeichelt sie seinem Selbstbewusstsein. Sie lässt erkennen, dass sie ihn ernst nimmt und dass sie selbst ernst genommen werden möchte. Sie schraubt ihre Ansprüche an eine charakterliche Festigkeit eines Mannes nicht deshalb zurück, weil er ein festes Hinterteil hat, aber sie formuliert unter Umständen ihre Ansprüche so, dass es dem Mann ihrer Wahl etwas leichter wird, ihnen gerecht zu werden.

Wie zeigt sie, dass sie Interesse hat?

Wie hilft eine Büroklammer einem schweren Eisenmagneten auf die Sprünge? Das kann man vergessen. Wenn man ihre Entscheidung bestätigt, indem man ihr auf halbem Wege entgegenkommt, ist das schon das höchste der Gefühle. Sie zu etwas bewegen zu wollen, was sie nicht wirklich will, ist ein aussichtsloses Unterfangen.

Wie hilft man ihr, falls nötig, auf die Sprünge?

Mit Goldkettchen und Porsche. Mit anabolikagestylten Muskelpaketen und selbstsicherem Potenzgrinsen. Und schon gar nicht, wenn der Herr denkt, ein Brillantring wäre Motivation genug, dass sie zu ihm ins Bettchen hechtet.

Und wie kriegt man sie ganz bestimmt nicht rum?

In einem Zustand erhöhter Erregbarkeit, die man – oberflächlich betrachtet – für Reizbarkeit halten könnte. Aber das Wesen der Skorpione liegt nun mal selten offen an der Oberfläche. Was sich nämlich zeigt, wenn die Skorpion-Frau Hektikflecken im Gesicht bekommt, ist Abbild untergründiger seelischer Strömungen. All ihre Sinne vereinigen sich zu geballter Sinnlichkeit, die verborgensten Emotionen entrinnen der Kontrolle ihres Bewusstseins, heimliche Wünsche werden zu verlockenden Gesten – ihr ganzes Wesen gerät in erwartungsvolle Vibration.

Wie ist sie, wenn sie sich verliebt hat?

Wann ist auf einen Schlag alles vorbei, bevor es richtig angefangen hat?

Wenn er ihre Bereitschaft, sich leidenschaftlich und rückhaltlos hinzugeben, missversteht; wenn er nur mit ihr spielt und glaubt, sie behandeln zu dürfen wie eine x-beliebige Eroberung. Wenn er in ihr nur eine Art Spiegelein an der Wand sieht, in dem er sich selbstgefällig betrachten möchte.

Die erste Nacht mit ihr …

… ist lang. Und leidenschaftlich. Sie entwickelt sich möglicherweise aus einer ganz unverfänglichen Situation. Jedenfalls scheint es ihm so, wenn sie plötzlich beginnt, ihm süße kleine Obszönitäten ins Ohr zu flüstern und ihm unvermittelt in die Brust beißt. Irgendetwas hat den Strom losgetreten, sein Geruch vielleicht, ein Anflug von Heiserkeit in seiner Stimme oder die Art, wie er sich am Kinn kratzt. Sie überrascht ihn, ohne dabei selbst überrascht zu wirken, mit ausgefallenen sexuellen Fantasien, und plötzlich merkt er, dass ihr Schlafzimmerschrank total verspiegelt ist und dass es ihn anmacht, sie beim Sex zu beobachten und wie sie es genießt, dass es ihn anmacht. Sie will alles über ihn wissen, alles aus ihm herauskitzeln. Sie geht so selbstgewiss mit ihm um, dass es ihm gar nicht mehr peinlich ist zuzugeben, dass er sich manchmal Pornos aus der Videothek geholt hat. Und wenn sie ihn so weit hat, schiebt sie vielleicht selbst so ein Filmchen ein, von dem sich beide anregen lassen, und dann lachen sie sich beide scheckig über die gespielten Lustschreie aus dem Synchronstudio – und machen es selbst wieder und wieder, nur viel, viel besser.

Was ist an ihr so faszinierend?

Der Moment, da sie sich ihm rückhaltlos öffnet. Und fast gleichzeitig völlig verschlossen wirkt. Eine erotische Verspieltheit, die nicht kokett ist, sondern Ausdruck großer Gefühlstiefe, tiefer Neugier, gieriger Lust, lustvollen Genusses.

26

In dieser Beziehung mit ihr kann es keine Ausgeglichenheit der Kräfte geben. Vielmehr werden Spannungen im offenen Schlagabtausch abgebaut. Bei dem sie natürlich obenauf bleibt. Gleichberechtigung bedeutet ihr, dass sie sagt, wo's langgeht. Ein ebenbürtiger Partner muss ihr in mindestens einem entscheidenden Wesensmerkmal unterlegen sein. Und wenn sie sich seiner Führung – im Alltag, im Gefühl oder auch im Bett – überlässt, dann nur, weil sie es selbst für einen bestimmten Moment so beschlossen hat.

Was ist ihr Ideal von Beziehung?

...ist für sie von entscheidender Bedeutung. Sie trifft mit ihm die Abmachung, dass gegenseitiges Vertrauen, ungeteilte Zuwendung und absolute Offenheit gegeneinander das Grundgesetz der Beziehung sind. Erst wenn er diesen Pakt unterschrieben hat, gibt sie ihm die Zweitschlüssel zu ihrer Wohnung.

Der Schritt zur gemeinsamen Zukunft ...

Die Ehe mit ihr kann der Himmel auf Erden sein. Sie erträgt gegebenenfalls viel Unbill, um ihrem Partner den Rücken frei zu halten. Sie nimmt ihn auf die lichtesten Höhen ihres Glück mit und lässt ihn in die dunkelsten Abgründe ihrer Selbstzweifel blicken. Sie vermag sich mit selbstzerstörerischer Leidenschaft für den Bestand ihrer Ehe einzusetzen. Spürt sie aber, dass er das gleiche Engagement nicht aufbringt, kann sie ihrem Partner den Ehealltag auch zu einer Höllenmarter machen.

Ihre Einstellung zur Ehe?

Skorpion-Eltern neigen allgemein mehr zum Konservativen. Mutter zu werden, nimmt die Skorpion-Frau nicht leicht; es ist für sie stark mit traditionellen Werten und überkommenen Rollenbildern verbunden. Sie prüft sich meistens lange, ob sie bereit ist, auf vieles andere zu verzichten und die Herausforderung als Mutter in vollem Umfang anzunehmen.

Was bedeutet es ihr, Mutter zu werden?

Aus welcher Ecke kommen im Zusammenleben mit ihr die ersten Schatten?

Wenn sich bei ihm Routine einschleicht, Unachtsamkeiten sich häufen, schöpft sie schnell Verdacht, dass etwas anderes (oder eine andere) seine ungeteilte Aufmerksamkeit und Zuwendung absorbiert. Dieser Verdacht kann vollkommen unbegründet sein, dennoch fällt es jedem Mann schwer, seiner Skorpion-Partnerin die wilden Mutmaßungen auszureden und einen falschen Verdacht zu zerstreuen. Klassiker unter den Ausreden – Autopanne, Stau, Überstunden im Büro – kommen bei ihr nicht besonders gut an. Aber eine wirklich originelle Entschuldigung honoriert sie vielleicht.

Wie reagiert sie auf Stress in der Partnerschaft?

Naturgemäß mit noch mehr Stress. Probleme sind dazu da, gelöst zu werden. Ausweichen, Zurückweichen gar, kommt für eine typische Skorpion-Frau nicht infrage. Auch wenn der Streit noch so nervtötend und schmerzlich war: sie ist ebenso wenig von ihrer Überzeugung abzubringen wie sie dem Partner zeigen wird, wie verletzt und verstört sie sich innerlich fühlt.

Thema Geld – wie hält sie es damit im Zusammenleben?

Bei aller Leidenschaftlichkeit sind Skorpione kühle Rechner. Besonders Frauen beweisen einen Instinkt in Geldangelegenheiten durch sparsame Haushaltsführung, kluge Geldanlagen und vorausschauende Investitionen. Zwar lassen sie sich von einem finanziell ähnlich gepolten Partner – einem Steinbock oder einer Jungfrau zum Beispiel – gern und in vollstem Vertrauen die Kasse führen. Ist ihr ökonomisches Interesse aber einmal erwacht, finden sie Spaß an finanziellen Operationen und entwickeln dabei Fantasie und Durchsetzungskraft. Schon mancher Versicherungsvertreter, der glaubte, mit einer Skorpion-Frau leichtes Spiel zu haben, verließ seine Kundin ohne Abschluss, aber irritiert darüber, dass er von ihr gerade ein exklusives Kochtopfset erworben hatte.

28

Eine Skorpion-Frau ist treu – aus ihrem eigenen Lebensprinzip heraus. Sie steht zu ihrem Lebenspartner, was immer ihm zustößt und was immer andere über ihre Beziehung denken, und sie kann ihm auch einen Fehltritt verzeihen, solange er sich offen zu ihr bekennt.

Was bedeutet ihr Treue in der Beziehung?

Wenn je eine Frau krank vor Eifersucht sein kann, dann die Skorpionin. Nicht die Tatsache, dass ihr Lebenspartner fremdgeht, macht sie wahnsinnig, sondern dass es offenbar einen Grund gibt, einer anderen mehr Aufmerksamkeit zu schenken als ihr. Dass sie dann schon mal heimlich das Türschloss der gemeinsamen Wohnung auswechselt und ihm seine Sachen aus dem Fenster nachschmeißt, dass sie die Telefonschnur durchschneidet, wenn sie vermutet, dass er einen Anruf der „anderen" erwartet, gehört noch zu den harmlosen Äußerungen ihrer Eifersucht …

Ist sie eifersüchtig?

Wenn er sich gehen lässt. Wenn er die Gemeinsamkeit leichtfertig aufs Spiel setzt und damit erkennen lässt, dass er sie nicht ernst nimmt. Am schlimmsten: wenn er sie mutwillig eifersüchtig macht und sie anschließend darob verhöhnt.

Was verletzt sie in der Beziehung am allermeisten?

Sie macht ihm keine lauten Szenen. Sie ist die Liebenswürdigkeit in Person, solange er bei ihr ist. Aber sie trägt ihre Rachegelüste aus der Privatsphäre hinaus, sucht ihn in der Öffentlichkeit zu diskreditieren und beruflich zu isolieren. Oft trifft ihn der Schlag unvorbereitet, und er weiß zunächst nicht, wer ihn führte, wenn die Bank ihm plötzlich die Kreditlinie sperrt, die Konten kündigt, die ihm zugesicherte Prokura vom Chef wieder zurückgezogen wird, die Telefongesellschaft ihm mitteilt, dass sein Handy abgemeldet ist und der Friseur ihm die Haare pumucklrot färbt.

Und wie fies kann sie selbst sein?

Wie macht sie Schluss? So, dass er unter Umständen bis zum letzten Moment nicht genau weiß, was gehauen und was gestochen ist – es sei denn, er ist selbst ein Skorpion und hat ein feines Gespür für unterirdische Lavaströme, oder er ist ein Schütze, und es ist ihm egal. Skorpion-Frauen lieben auch bei der Beendigung ihrer Beziehung eine gewisse Dramatik, die mit der Inszenierung von Suspense-Effekten einhergehen kann. Wenn er nach Hause kommt und in der gemeinsamen Wohnung einen anderen Mann trifft, der seinen Bademantel trägt, seine Pfeife raucht und ihn fragt, ob er mal sein Rasierwasser benutzen darf, kann er sicher sein, dass die Skorpion-Frau mit ihm Schluss gemacht hat.

W A N T E D

Skorpion-Frau sucht ... starken, zuverlässigen, ausdauernden Partner, der mindestens so viele gute Eigenschaften hat wie sie selbst (und ein paar schlechte weniger),

zum ... Lieben, Träumen, Abheben, Weltverbessern, Schachspielen.

Bin ... in der Lage, für zwei zu denken, für drei zu arbeiten, für vier zu lieben ...

Biete ... den Halt, den du schon immer gesucht hast.

Eigenarten: Wenn ich Halt sage, meine ich Bewegung.

Der Skorpion-Mann

Da ist, inmitten der gewohnten, lauwarmen Umgebung, etwas Ungewöhnliches. Sie braucht keine Infrarotkamera, um den Vulkan auszumachen. So wie man am verhaltenen Temperament, an seinem beständigen Rauchfähnchen einem Vulkan anmerkt, wie aktiv er ist und was alles in ihm steckt, so merkt sie an der Art seiner Zurückhaltung: etwas Besonderes wartet auf sie.

Warum fällt er einer Frau auf?

Sie strahlt eine ganz bestimmte Sinnlichkeit aus, die unaufdringlich ist, aber auf keinen Fall unbemerkt bleiben kann. Vielleicht ist es auch ein ganz besonderer Duft, der sie umspielt – und den sie vielleicht ganz bewusst angelegt hat, um ihn zu locken, eine frische Zitrusnote etwa, auf die er selber gut anspricht. Sie muss sich gar nicht verstellen und unschuldig tun. Er kann durchaus damit leben, dass sie ihn herausfordert. Denn ist er erst einmal sicher, in ihr eine Frau ohne Vorurteile entdeckt zu haben, wird er sich auf das Spiel einlassen.

Was zieht ihn auf Anhieb an ihr an?

Vorsichtig tastet er sich an die Kernfragen heran, die ihn am meisten interessieren: Wie denkt sie? Was treibt sie an? Woran orientiert sie sich? Dabei sind ihm Details aus dem Berufsalltag oder dem Familienleben zunächst schnuppe. Frauen, die annehmen, es könnte ihren zukünftigen Partner interessieren, mit wem der Chef in der Firma gerade seine Mittagspausen verbringt, welchen tollen Pullover sich Lilli gestern in der Boutique vom Benz geleistet hat und was die Schonbezüge für die Sportsitze ihres Cabrios gekostet haben, wird bei einem Skorpion-Mann Gähnanfälle und höfliches Lächeln erregen, aber kein Interesse.

Was will er zuerst über sie wissen?

Wie zeigt er, dass er Interesse hat?

Der konventionelle Austausch von Nettigkeiten, der harmlose Flirt, ein stilvolles Werben sind seine Sache nicht. Ein Vulkan kann nur beherrscht vor sich hin schmauchen oder explosiv ausbrechen. Ein bisschen ausbrechen geht nicht. Seine Ausbrüche können so verschieden sein wie seine charakterlichen Facetten. Der eine nimmt sich nur den Bart ab, weil sie das „piekst", und meint, damit habe er ihr doch seine Zuneigung hinreichend dargestellt und bewiesen; der andere bestellt gleich ein Mini-U-Boot für eine Tauchfahrt im Bodensee, wo er ihr – beim Gründeln – eine heiße Liebeserklärung macht, die nicht nur aus Worten besteht.

Wie hilft man ihm, falls nötig, auf die Sprünge?

Klar, dass man ihn zu nichts überreden kann, was er nicht selbst will. Unmöglich, ihn von etwas zu überzeugen, das er ablehnt. Pflegt er seit längerem Umgang mit einer Frau, ohne dass ein Vulkanausbruch erfolgte, kann sie sicher sein, dass auch keiner mehr kommt. Da hilft kein Zieren und kein Spreizen – das ist, als ob man Kieselsteine in einen Krater wirft. Da hilft nur: zurück auf Anfang, Abstand gewinnen, Zeit verfließen lassen. Manchmal hilft schon das. Wenn sie sich ihm plötzlich und – für ihn – unmotiviert entzieht, wird er neugierig. Warum tut sie das? (immer) Hat sie einen anderen? (häufig) Habe ich ihr einen Grund gegeben? (mitunter) Habe ich etwas falsch gemacht? (selten)

Und wie kriegt man ihn ganz bestimmt nicht rum?

Mit Flapsigkeit. Wenn eine Frau – kumpelhaft – ein ganzer Kerl sein will. Oder mit dem genauen Gegenteil: Wenn sie sich als Vamp aufführt, und er den mindesten Verdacht hat, dass ihm etwas vorgespielt wird. Gegen Bestechungen jeder Art – auch der sinnlichsten Art – ist er immun. Seine Heißblütigkeit verwandelt sich dann schnell in Kälte.

32

Gegen seine Gewohnheit: vollkommen aus dem Häuschen. Aus dem ernsten und grüblerischen Kerl wird ein fröhlicher Junge. Aber meistens hält die Phase der Verliebtheit nicht lange an; schnell entwickeln sich ernsthafte Liebeshändel, bei denen er sehr viel gibt und sehr viel fordert.

Wie ist er, wenn er sich verliebt hat?

Wenn ihre Mutter beim Nachmittagskaffee mitteilt: „Ach Kinder, ihr seid ein sooo schönes Paar!" Kaffee ade, Liebe ade! Armes Mädchen! Dass deine Mutter nie den Schnabel halten kann. Denn natürlich glaubt er nicht, dass seiner Gefährtin das peinlich ist, vielmehr vermutet er jetzt eine raffiniert eingefädelte Intrige, um ihn zu umgarnen. Wenn hier einer garnt, dann ist er das! Wahrscheinlich wird er jetzt einen höflichen aber bestimmten Abgang inszenieren.

Wann ist auf einen Schlag alles vorbei, bevor es richtig angefangen hat?

… kann ganz plötzlich über sie hereinbrechen. Sex ist für archetypische Skorpion-Männer von so eminenter Bedeutung, dass die erste Nacht gleich auf das erste Date folgen kann, wenn er der Meinung ist, sie sei für ihn die Richtige. Sie muss also auf alles gefasst sein. Vielleicht schleppt er sie auch schon nach wenigen Minuten von irgendeiner langweiligen Party ab: Warum soll er die Zeit mit gequälter Konversation verplempern, wenn er ihr in seiner Zweizimmerwohnung ein ganzes Reich schenken kann …

Die erste Nacht mit ihm …

Seine unglaubliche Aufmerksamkeit, mit der er sie geradezu einhüllt. Er hat ein phänomenales Gedächtnis für alles, was ihr gefällt und wohl tut. Entgegen dem Klischee, dass Skorpione nachtragend und rachsüchtig sind, beweist er, dass ein Skorpion sich ebenso gut der angenehmen Dinge erinnert und jede „Wohltat" mit lebenslanger Liebe und Zuwendung vergilt.

Was ist an ihm so faszinierend?

Sein Ideal von Beziehung?	Ideal ist es für ihn, wenn er sie nach seinem Bilde formen kann. Das Motiv dafür, dass sich Skorpione gern jüngere Partnerinnen suchen, ist weniger in der körperlichen Frische junger Frauen zu suchen als in der – vermeintlichen – psychischen Unberührtheit. Obgleich er wünscht, dass sie einen gefestigten Charakter und eigenen Willen besitzt, wird der klassische Skorpion-Mann immer bemüht sein, sich in die Seele seiner Geliebten wie auf ein unbeschriebenes Blatt einzuschreiben. Auch wenn es ein Leben vor ihrer Skorpion-Liebe gab, es interessiert ihn einfach nicht.
Der Schritt zur gemeinsamen Zukunft ...	... beginnt mit der Planung dieses Schritts. Oft noch in der Phase des ersten Verliebtseins beginnt er über neue Möbel, preisgünstige Umzugsunternehmen, Papiere fürs Standesamt, Abmeldung des überflüssigen Telefonanschlusses zu plaudern. Das könnte eine frisch verliebte Partnerin ernüchtern, trüge er es nicht mit so viel schwärmerischer Hingabe vor, dass man ihm einfach nicht böse sein kann.
Seine Einstellung zur Ehe?	Selten ist die Ehe für ihn ein heiliges Sakrament. Obwohl er Traditionen achtet, hält er sich doch für modern und aufgeklärt, findet schon die Einrichtung des Aufgebots albern und Trauzeugen überflüssig. Ihn überzeugt die Ehe als Organisationsprinzip des gemeinsamen Lebens, daher steht er ihr aus seinen ganz eigenen Gründen positiv gegenüber.
Was bedeutet es ihm, Vater zu werden?	Skorpione werden oft spät oder nie Familienväter. Es fehlt ihnen nichts, wenn sie ohne Kinder leben. Sie sind aber aufmerksam und fürsorglich, wenn sich einmal Nachwuchs eingestellt hat. Vielleicht entdecken sie dabei die ganz neue Lust, Patriarch zu sein.

Da ist diese Eifersucht, besonders älterer Skorpione, die oftmals ganz unbegründet ist. Mancher Skorpion-Mann glaubt, nur weil seine Gefährtin ein paar Jahre jünger ist, müsste sie nach jedem knackigen Männerpo schielen. Wenn die Hormone seinen Geist benebeln, ist der analytische Skorpion plötzlich ein ganz schlechter Menschenkenner.

Aus welcher Ecke kommen im Zusammenleben mit ihm die ersten Schatten?

Bestürzt. Denn so, wie er die Partnerschaft vorgedacht und organisiert hat, hätte es zu Stress gar nicht kommen dürfen. Gegen das aufbrausende Wesen einiger anderer Sternzeichen kann er ebenso wenig an wie gegen seinen eigenen Charakter. Nach einem heftigen Streit ist die zärtliche Versöhnung nur umso schöner.

Wie reagiert er auf Stress in der Partnerschaft?

Skorpion-Männern wird ein glückliches Händchen bei Finanzoperationen nachgesagt. Sie sind sparsam, ohne Pfennigfuchser zu sein. Ihr Glück in Gelddingen ist aber in Wahrheit das Resultat genauer Marktbeobachtung und strategischer Finanzplanung. Er hat nichts dagegen, sich mit seiner Liebsten einen sündhaft teuren Urlaub zu gönnen, wenn die Papiere, auf die er an der Börse gesetzt hat, den entsprechenden Gewinn abgeworfen haben. Was ihm zuwider ist: wenn seine Partnerin mit Geld unbedacht, sorglos oder sogar mit Vorsatz leichtsinnig umgeht.

Thema Geld – wie hält er es damit im Zusammenleben?

Absolute Treue der Partnerin ist für ihn Voraussetzung des Zusammenlebens. Andererseits ist sein leidenschaftliches Gemüt nie gänzlich vor der sinnlichen Versuchung eines Seitensprunges geschützt. Dass er seiner Partnerin das Recht, dieser Versuchung nachzugeben, nicht einräumt, bringt ihn in eine moralische Schieflage, die er sich selbst nicht eingesteht.

Was bedeutet für ihn Treue in der Beziehung?

Ist er eifersüchtig? Die Formen seiner Eifersucht sind so vielgestaltig wie die Eifersuchtsdramen der Weltgeschichte. Da ist der Othello, der wutschnaubend seiner Geliebten ans Revers geht, weil er dem Hörensagen mehr traut als der eigenen Menschenkenntnis, noch die harmlosere Variante. An der Wende zum 18. Jahrhundert sperrte ein deutscher Fürst seine Frau, die er einer Affäre verdächtigte, 32 Jahre lang in einem entlegenen Schloss ein. So wie die „Prinzessin von Ahlden" hinter Mauern, verbringt manche Gefährtin eines Skorpions ihr Leben hinter Mauern von unausgesprochenen Vorwürfen, umringt von Schuldkomplexen, die er ihr suggeriert hat. Im „normalen Leben" sind Skorpion-Männer aber weitaus seltener „rasend vor Eifersucht", als ihnen das Klischee nachsagt. Lebenserfahrene Skorpione wissen die Balance zwischen gewachsenem Vertrauen zu einer Partnerin und phasenweise aufflammendem Misstrauen zu wahren und haben ihre Eifersuchtsanfälle als persönliche Schwäche erkannt, an deren Beseitigung sie zielstrebig arbeiten.

Was verletzt ihn in einer Beziehung am meisten? Wenn eine Frau deutlich macht, dass ihr nicht nur seine dauernde Eifersucht auf den Wecker geht, sondern ihm mehr oder weniger klar zu verstehen gibt, dass ihr auch seine Aufmerksamkeiten, seine Zärtlichkeit und seine tief empfundenen Gefühle gleichgültig sind. Wenn sie mit ihm ein zynisches Spiel treibt.

Und wie fies kann er sein? Hinterlist, Selbstsucht, Gewissenlosigkeit – so nette Dinge sagt man Skorpionen nach. Doch in der Regel setzen sie ihren giftigen Stachel nur ein, wenn sie sich in die Enge getrieben sehen. Der Skorpion ist süchtig nach Anerkennung, Lob und Zuwendung; wenn er sich von seiner schlechtesten Seite zeigt, ist das wie ein Hilferuf, dass er sich in seelischer Not befindet.

36

Es fällt ihm nicht leicht, eine Beziehung zu beenden. Den letzten Schritt tut er erst, wenn geklärt ist, bei wem die Schuld liegt. Natürlich nicht bei ihm. Das Eingeständnis eigener Schuld von ihm zu verlangen, ist für ihn oftmals schon ein Trennungsgrund: „Du willst ja nur immer Recht behalten; meine Gefühle sind dir ja egal ..." – und schon hat er das Gleichgewicht wieder zu seinen Gunsten verschoben. Wenn er allerdings mutwillig verletzt wird – manche Frauen wissen sich gar keinen anderen Rat, um sich von einer für sie belastenden Skorpion-Beziehung zu befreien – hält ihn nichts mehr. Sie gehen schnell – oft ohne den gefürchteten dramatischen Ausbruch – und versenken sich in ihr Innerstes, um einen Prozess der Selbstfindung, Läuterung und Neuorientierung zu beginnen.

Wie macht er Schluss?

W A N T E D

Skorpion-Mann sucht ... junge, vorurteilsfreie und sinnenfrohe Frau mit Lust zur Lust und Frust am Frust

zum ... Entdecken ungeschauter Landschaften, Ersteigen unbezwungener Gipfel.

Bin ... hart und gefühlvoll, energisch und verletzlich, Kämpfer mit geschlossenem Visier und zärtlicher Liebhaber.

Biete ... ein gemeinsames Leben, in dem es niemals lau und durchschnittlich, langweilig oder belanglos zugeht.

Eigenarten: Man sagt mir ambivalente Gefühle – Hassliebe, Leidensgenuss – nach; mach dir selbst ein Bild.

Hautnah.
Im Bett mit einem Skorpion

Erotische Grundenergie

Fixiert. Sie wird durch ein erotisches Aha-Erlebnis ausgelöst. Der Partner oder die Partnerin, für die sich ein Skorpion einmal entschieden hat, bestimmt die Richtung des Energieflusses für lange Zeit. Skorpione suchen die Identifikation mit dem geliebten Menschen an ihrer Seite.

Was Sex für sie/ihn bedeutet

Sex ist für Skorpione beiderlei Geschlechts so essenziell, dass sie nicht glauben können, dass es Menschen gibt, denen es anders geht. Niemals ist Sex für sie etwa ein Routinevorgang wie die Nahrungsaufnahme; vielmehr genau das, was den sinnlichen Genuss des Essens von der bloßen Nahrungsaufnahme unterscheidet. Der Entzug von Sexualität, ein „häuslicher Krieg" nach dem Muster von Aristophanes' Lysistrata, der auch nur zeitweilige Entzug von Zärtlichkeit und Zuwendung kann für den psychischen Haushalt von Skorpion-Menschen katastrophale Folgen haben.

Sexuelles Potenzial

Beständig und dynamisch. Die Skorpion-Sexualität – weibliche wie männliche – übt auf andere eine suggestive Anziehungskraft aus.

Der Weg zur Erregung

Für Skorpion-Menschen führt der Weg zum Gipfel sehr stark über den Genitalbereich. Sanftes Streicheln und Zungenspiele, die mehr Verhüllung als Erfüllung sind, reizen die Sinne bis zur Ekstase.

Anmacher

Gespräche, Flüstern, Hauchen, Schreien, versteckte und offene Obszönitäten. Auch ein Spiegel im Schlafzimmer – nach dem Motto: „Vertrauen ist gut, Kontrolle ist besser!" – kann Skorpion-Menschen nahe bis an den Gipfel führen. Videos, über die man normalerweise nicht spricht, regen ihn an.

Absolute Lustkiller sind alle Handlungen und Dinge, die auf Oberflächlichkeit und fehlende Gefühlstiefe deuten. Der Mann, der bei einer Skorpion-Dame die die Socken anbehält, sieht bald seine übrigen Sachen aus dem Fenster fliegen. Und für einen Skorpion-Mann ist es geradezu ein Sakrileg, wenn sie ihn zwischen zwei Höhepunkten fragt: „Liebster, sag, wie spät ist es eigentlich?" Abturner für alle Skorpione: Hinweise auf mangelnde Zeit, unglückliche Umstände, äußere Beeinträchtigungen. „Du, ich muss morgen früh raus." – „Raus!"

Abturner

Skorpione wollen immer und über alles die Kontrolle behalten, auch über ihren eigenen und über den Höhepunkt ihres Partners. Dadurch gelangen sie aber selbst nie zu 100 % auf den Gipfel der Lust. Der Partner oder die Partnerin, dem oder der es gelingt, einen Skorpion zur vollständigen Aufgabe der Selbstkontrolle zu bringen, verschaffte ihm damit zugleich eine neue Erfahrungsdimension und erobert ihn wirklich und für immer.

Gipfel der Lust

„Verhülle dich, mit Masken und mit Schminken …" Skorpione träumen davon, Erfahrungen zu machen, die über die Grenzen ihrer eigenen Individualität hinausgehen. Im Sexuellen gehören Maskierungen und Verhüllungsspiele, auch Rollen- und Geschlechtertausch zu den Fantasien von Skorpionen. Manche träumen heimlich davon, im Liebesspiel den psychischen und physischen Widerstand ihres Partners zu brechen – mit Verführung und Gewalt. Je weniger die sexuelle Wirklichkeit in einer Skorpion-Beziehung von anerzogenen Tabus blockiert ist, desto freier und kreativer können Skorpione ihre Fantasien ausleben.

Erotische Fantasien

3. Astro-Connections: Der Skorpion und die anderen

Skorpione scheinen für die Liebe geboren. Kein anderes Sternzeichen liebt, nach astrologischem Herkommen, mit größerer Leidenschaft und heißerem Gefühl. Die Beziehungen zu einem Skorpion sind aber alles andere als unkompliziert. Selbst wo die Sterne günstig stehen, sollte man mit Problemen rechnen. Andererseits beweisen oft Verbindungen, die von den Astrologen als problematisch bewertet werden, großen Reiz und große Dauerhaftigkeit. Skorpione lassen sich eben von anderen schwer ausrechnen.

„Funktioniert irgendwie immer"

Skorpion / Krebs

Oft ist es Liebe auf den ersten Blick. Beide sind Wasserzeichen, beide können große Gefühle entwickeln, beide leiden unter Eifersucht. Das lunar Mütterliche der Krebs-Menschen passt ideal zu den marsianisch beeinflussten Herrschaftsansprüchen der Skorpione. Die geistige Dominanz des Skorpions verhindert, dass der Krebs sich allzu sehr an seine Gefühle verliert. Sexuell sind beide ein ideales Paar; dem fordernden Forschen des Skorpions weicht der Krebs durchaus nicht im schüchternen Rückwärtsgang aus, sondern bereichert das Liebesspiel mit eigenen Ideen, und seine romantische Veranlagung tut der Skorpionseele, die meist von irgendeinem zurückliegenden Tort wund ist, über die Maßen wohl. Auch im Alltag ergänzen sich beide Zeichen – sie schätzen Verlässlichkeit, haben ein positives Verhältnis zu Geld und Besitz; beide verabscheuen Routine und Stereotype und lösen Probleme durch originelle und fantasievolle Ansätze. Nur sind Krebse insgesamt etwas konservativer als Skorpione. Der Krebs-Frau bietet ein Skorpion-Mann den inneren Halt, den sie sucht. Für eine Skorpionin besteht die größte Schwierigkeit darin, den anfänglich vielleicht zaudernden Krebs-Mann ganz für sich einzunehmen.

42

Skorpion / Jungfrau

Die Wasserwelt des Skorpions ist Fließen, aber sie zielt auf Strukturierung, Erneuerung. Auf der Erd-Welt der Jungfrau haben die Dinge ihren Platz, aber sie stehen nicht unverrückbar. Beide sind das jeweils mittlere, vermittelnde Zeichen ihres Elements im Tierkreis. Gerade durch ihre Ambivalenz passen sie so gut zusammen und könne Werden und Vergehen ihrer beiden Elemente harmonisch miteinander vereinigen. Beide haben eine ziemlich durchdachte Vorstellung davon, was sie im Leben erreichen wollen. Aber weil Jungfrauen sich eher in kleinen, systematischen Schritten vortasten, während Skorpione in großen Sprüngen vorwärtsdrängen, dramatische Zuspitzungen nicht scheuen und sich selten von Rücksichten behindern lassen, werden sie ihre gemeinsamen Ziele nie ohne Konflikte erreichen. Beide werden sicher nicht glücklich, wenn sie sich in allzu jungen Jahren aneinander binden – der Jungfrau kommt der Skorpion größenwahnsinnig vor, während dieser die Jungfrau für kleinkariert hält – doch selten stoßen sie schon so früh auf ihren Idealpartner, und mit wachsender Reife und Lebenserfahrung stellen sie fest, dass sie eigentlich ein tolles Team bilden können. Namentlich Jungfrau-Damen werden unter dem Einfluss der Skorpione oft viel lockerer, spontaner. Jungfrau-Männer machen an der Seite von Skorpioninnen die Erfahrung, dass es möglich und auch nötig ist, immer mal wieder aus dem starren Gefüge ihres Systems auszubrechen – und gelegentlich mal richtig „die Sau rauszulassen".

Ein Typus von Partner-
schaften, die reizen und
herausfordern aber auch
heftige Probleme bringen
können

„Sie küssten und sie schlugen sich"

Skorpion / Fische

Wenn ein Skorpion sie an sich reißt, haben Fische manchmal das Gefühl, dies sei gar nicht die Wirklichkeit, dies sei nur herbeigeträumt. Sie neigen dazu, in dieser äußerst wässrigen Verbindung restlos in ihre Fantasiewelten abzudriften. Und wollen auch nicht zurückkehren, wenn sie die Wirklichkeit mit ihren Problemen und Konflikten ruft. Skorpione bewundern die scheinbar wirklichkeitsabgewandte, traumhafte Seite der Fische-Seele und können ihrerseits Fischen viele Glück stiftende magische Momente bieten. Die widersprüchliche, oft rätselhafte Natur der Skorpion-Psyche hat es dem Fisch angetan. Denn nüchterne Diesseitigkeit und Sinn fürs Praktische, den pflegeleichten, alltagskompatiblen Partner – genau das suchen Fische nicht. Ihnen eignet dafür oft eine geradezu spirituell zu nennende Neugier. Skorpione beiderlei Geschlechtes dringen tief in die Gefühlswelt eines Fisches ein. Und was sie dort bezaubert, ist jene „dunkle", neptunische Fische-Seite, die sie an etwas erinnert, das sie auch in sich selbst tragen aber gewöhnlich nicht zur Entfaltung kommen lassen. Dieser Zauber ist nicht ohne Gefahr. Vereinigen sich die beiden dunklen Strömungen ihrer Seelenenergie, kann sich die Beziehung zu einem drehbruchreifen Psychotrip in seelische Abgründe entwickeln.

Skorpion / Wassermann

Folgerichtigkeit und Determiniertheit des skorpionischen Handelns prallen auf wassermännische Unabhängigkeit und Beziehungsfreiheit. Die Wassermann-Luft peitscht das beständige Wasser. Hinter einer Nebelwand von Gischt spielt sich diese Beziehung ab. Nach dem Stand der Gestirne dürfte sie nie und nimmer funktionieren. Aber als einziges Wasser-Wesen ist eben der Skorpion dem Luft-Zeichen Wassermann gewachsen. Beide folgen dem Ideal, etwas Positives zu bewirken; Skorpione viel emotionaler als Wassermänner aber mit scharfem Verstand. Das macht sie für einen Wassermann interessant. Ein Schachspiel zwischen gleich starken Gegnern – ein Spiel, das auch im Bett für so manchen heißen Zug gut ist.

Skorpion / Widder

Der Widder wird von einem Gefühl ins nächste geworfen, der Skorpion ist derjenige, der wirft. Das feurig-aufbrausende Wesen des Widders kommt dem Skorpion in seinen sexuellen Leidenschaften entgegen. Eine heiße Affäre ist angesagt. Aber wenn die Mars-Komponenten beider Zeichen aufeinanderprallen, wie in einer länger andauernden Beziehung nicht zu vermeiden, stieben die Funken. Wenn der Widder seinen Willen nicht bekommt, ist er nicht mit Mostrich zu genießen. Widder-Frauen sind meist schon ganz woanders, wenn der Skorpion-Mann zu eifern beginnt, und Widder-Männer gehen mit den großen Gefühlen der Skorpion-Frau manchmal etwas achtlos um.

Ein Typus von Partner-
schaften, die auf den ersten
Blick gar nicht funktionieren können oder wollen,
weil beide zu unterschiedlich sind. Die aber das
Potenzial in sich tragen zu
genau der Liebe, die das
Leben verändert

„Wer hätte das gedacht?"

Skorpion / Steinbock

Diese Wasser-Erde-Kombination hat es in sich. Der Skorpion ist der Vordenker unter den Wasserzeichen. Er will etwas erreichen, die Welt verändern, das Unterste zuoberst kehren. Mit dieser Willensstärke und Zielstrebigkeit imponiert er dem Steinbock, der allerdings meist eine Weile braucht, um die Ambitionen unter der oft schillernden Oberfläche eines Skorpions zu erkennen. Es gibt natürlich auch etwas, das Steinböcke – namentlich weibliche – sehr irritiert: das ist die mangelnde Ehrfurcht mancher (männlicher) Skorpione vor dem Bestehenden. Wenn Steinböcke die Welt verändern, dann durch konservative Revolutionen.

Steinböcke beiderlei Geschlechts schätzen es, von Skorpionen verführt zu werden. Sie sind gegen die betörende wie lähmende Wirkung des Skorpionstachels immun; Steinböcke genießen zwar die sexuelle Faszination des Skorpions, werden ihr aber nicht hörig. Im Idealfall kann ein Skorpion seinen Steinbockgefährten dazu animieren, den Blick vom Boden der alltäglichen Mühsal zu heben und sich ein paar Sterne zu suchen, nach denen er greifen könnte. Das funktioniert häufig gut in der Verbindung Skorpion-Frau/Steinbock-Mann. Allerdings erliegen Steinböcke nicht wie Skorpione der Faszination des Magischen, sondern versuchen, alles über Astronomie in Erfahrung zu bringen.

Skorpion / Skorpion

Manche meinen, nur ein Skorpion könne es mit einem Skorpion aushalten. In sexueller Hinsicht bringen beider unterseeische Vulkane den Ozean zum Kochen. Sie haben Mühe, aus den Rauschzuständen, in die sie sich gegenseitig hineinsteigern, wieder zu erwachen. Mit faszinierender Ausdauer treiben sie sich zu immer neuen Höhepunkten; ihre ungezügelte Lust aneinander hat den Zug zum Selbstzerstörerischen. Aber sie sind einander sehr ähnlich. Beide besitzergreifend, beide jäh und unberechenbar, eifersüchtig und egozentrisch. Jeder will den anderen nach seinem Bilde formen, dabei sieht er im Partner nur das Spiegelbild seiner selbst. Dadurch bekommt auch das Einwirken aufeinander etwas Selbstzerstörerisches. Nicht immer geschieht dies offen und explosiv, viel eher auf hintergründige, psychologisch ausgeklügelte Weise. Da sitzen zwei Pokerspieler am Tisch und bluffen sich die Seele wund, bis sie alles verspielt haben – auch die Liebe. Hingegen gestaltet sich der Alltag zwischen Skorpion-Partnern nicht selten hochdramatisch. Ein Skorpion weiß immer, wie alles besser zu organisieren ist. Nur – der andere Skorpion weiß es noch besser. Und da sich beide nicht einigen können, wie der Geschirrspüler eingeräumt werden muss, bleiben die Teller eben ungespült. Dass einer nachgibt, nur um des lieben Friedens willen, ist bei archetypischen Skorpionen ausgeschlossen. Schließlich geht es dabei um Grundsätzliches. Haben sich beide aber zu einem gemeinsamen Lebensziel zusammengefunden (oder eben zusammengerauft), dann sind sie ein unschlagbares Team.

Skorpion / Stier

Skorpion und Stier liegen im Tierkreis einander gegenüber. Dieses Oppositionsverhältnis kann man unterschiedlich beurteilen, zumal Skorpione immer für Überraschungen gut sind. Die seelischen Kräfte des erdverbundenen, diesseitig orientierten Stiers und die zum Transzendenten neigenden des Skorpions, der im verborgen Geheimnisvollen zu Hause ist, scheinen einander auszuschließen. Beide eint ihre Sinnlichkeit; doch während der Skorpion in ihr ein Ideal verwirklicht sehen will, lebt sie der Stier auf bodenständige, fast naive Weise aus. Zugespitzt formuliert: Für den Stier ist die Sinnlichkeit Ausgangspunkt, für den Skorpion Ziel einer Beziehung. In der Partnerschaft kommt es also sehr auf die Balance der Seelenkräfte an. Naturgemäß versucht der Skorpion, die größere Verantwortung für das Herstellen dieser Balance zu übernehmen, denn dass die Beziehung unter allen Umständen gelinge, gehört zu seinem Leitbild. Stiere fahren in der Regel nicht schlecht damit, sich der Führung ihrer Skorpion-Partner anzuvertrauen. Eine Stier-Frau muss Obacht geben, dass sie vom Skorpion-Mann intellektuell nicht untergebuttert wird, zumal sich männliche Skorpione gern jüngere Frauen wählen, die sie für formbar halten. Skorpion-Damen haben in der Regel kein Problem damit, ihre Stier-Partner auf den idealistischen Höhenflug mitzunehmen. Auch sexuell verhalten sich Skorpion und Stier komplementär. Die genitale Empfindsamkeit der Skorpione und die erogenen Zonen – Hals und Nacken – der Stiere, die auch oralen Praktiken nicht abgeneigt sind, versprechen aufregende Liebesnächte.

„Und dann gibt's da noch ..."

Ein Typus von Partnerschaften, die astrologisch entweder indifferent oder „eher ungünstig" beschienen sind. Aber wer weiß denn schon, wo die Liebe hinfällt

Skorpion / Löwe

Zwei Machtmenschen regieren aneinander vorbei. Der Löwe verkündet – und ist frustriert, dass der Skorpion nicht zuhört. Der Skorpion wirkt – und registriert genervt die Ignoranz des Löwen. Dabei könnten sie sich so gut verstehen, wenn sie begriffen, dass der eine repräsentiert, was des anderen Sein ausmacht. In einer Affäre ist der Skorpion oft vom Löwen geblendet, dieser wiederum verharrt fasziniert vor der Tiefendimension der Skorpion-Seele. Im Ehe- und Beziehungsalltag aber verstehen sich beide etwa so gut wie Regierung und Stadtguerilla.

Skorpion / Zwillinge

Zwillinge beherrscht mitunter Bindungsfurcht. Wenn sie sich früh binden, dann oft aus Unerfahrenheit. Sie nehmen das Recht auf Irrtum für sich in Anspruch – auch in der Liebe. Zwillinge-Männern wird nachgesagt, dass erst ihre dritte Ehe wirklich von Dauer ist. Selten freunden sich Skorpion-Frauen mit diesem Vorleben an. Hingegen sind Zwillinge-Frauen meist so gut aufgelegt, dass sie die Herrschaftsgelüste von Skorpion-Männern mit einer gewissen Nonchalance ertragen und mit ihrem sonnigen Gemüt deren dunkle Seiten zu kompensieren vermögen.

49

Skorpion / Waage

Die Waage ist ein Luftikus, meint der Skorpion. Der Skorpion ist nie mit sich im Gleichgewicht, erwidert die Waage. Sie strebt nach Ausgleich durch Kooperation, er nach Herrschaft durch Dominanz. Beide sind Nachbarn im Tierkreis, und wie viele Nachbarschaftsverhältnisse ist auch die Beziehung zwischen Skorpion und Waage ambivalent. Heute noch rauschende Gartenparty in schönster Eintracht, morgen schon Prozess beim Amtsgericht wegen der Pfandflaschen, die von der Gartenparty übrig blieben. Aber warum sollen nicht auch die Seiltänzerin und der Tiefseetaucher ein respektables Duo bilden.

Skorpion / Schütze

Intro und Extro treffen sich in dieser Paarung. Beide leben einem bestimmten Ideal, doch verkündet es der Schütze als diesseitsgewandter Prediger, während der Skorpion es als Analytiker mit suggestiver Kraft zu vermitteln sucht. Hinzu kommt, dass Skorpione einen festen Platz im Leben suchen, während Schützen auf Veränderung aus sind. Der Schütze entledigt sich seiner irdischen Güter durch häufiges Umziehen, der Skorpion, indem er sie im Keller stapelt. Der Schütze findet seinen Ort auf Reisen, der Skorpion in seinem Innern. Treffen sich beide in „entlasteten" Phasen, können sie wunderbare Begegnungen haben. Im Alltag einer Beziehung aber gehen sie sich oft auf die Nerven.

	Love & Sex	Intellekt	Dauerbrenner	Stressfaktor
Widder	❤️❤️❤️❤️❤️	💡💡	⏰	⚡⚡⚡⚡⚡
Stier	❤️❤️❤️❤️	💡	⏰⏰⏰	⚡
Zwillinge	❤️❤️❤️❤️❤️	💡	⏰⏰	⚡⚡⚡⚡
Krebs	❤️❤️❤️❤️❤️	💡💡💡	⏰⏰⏰⏰	
Löwe	❤️	💡💡	⏰	⚡⚡⚡⚡
Jungfrau	❤️❤️❤️❤️	💡💡💡💡💡	⏰⏰⏰⏰⏰	⚡⚡⚡
Waage	❤️❤️❤️❤️	💡💡		⚡⚡⚡⚡⚡
Skorpion	❤️❤️❤️❤️❤️	💡💡💡		⚡⚡⚡⚡
Schütze	❤️❤️		⏰	⚡⚡⚡
Steinbock	❤️❤️❤️❤️	💡💡💡	⏰⏰⏰⏰	⚡⚡⚡
Wassermann	❤️❤️❤️❤️	💡💡	⏰⏰⏰	⚡⚡⚡⚡
Fische	❤️❤️❤️❤️	💡💡💡💡	⏰	⚡⚡⚡⚡

4. Stars und Sterne: Skorpione, von denen man spricht

Skorpione sind große Liebende. Oft kann auch ihre gesellschaftliche Reputation nicht darüber hinwegtäuschen, dass in ihrem Innersten elementare Leidenschaften brodeln – oder dass sie von sehr tief liegenden Obsessionen getrieben werden. Oft kommen Skorpione erst in reiferen Jahren mit sich selbst ins Reine, nehmen ihre Lebenswirklichkeit an und integrieren sie in ihr Leitbild. Dann wachsen sie zu wirklich großen Persönlichkeiten auf, von denen man spricht.

Leidenschaftliche Frauen

Die Königin und ihr Ritter

Marie Antoinette, geb. am 2. November 1755 als Tochter der Kaiserin Maria Theresia, heiratete 1770 den französischen Dauphin. Im Verlauf der Französischen Revolution wurde sie in einem Schauprozess absurden Anschuldigungen ausgesetzt und zum Tode verurteilt. Sie starb am 16. Oktober 1793 unter der Guillotine.

Bekannt wurde sie durch die Halsbandaffäre, die der revoltierende Mob ihr anhängte, und die von Höflingen kolportierte Bemerkung: „Wenn das Volk kein Brot hat, warum isst es dann keinen Kuchen?" Marie Antoinette, die am meisten verleumdete Gestalt des Ancien régime, wurde fast als Kind noch mit Frankreichs Thronfolger, dem späteren Ludwig XVI. vermählt. Eines kleinen körperlichen Defekts wegen blieb Ludwig über Jahre hinweg unfähig, die königliche Ehe auch körperlich zu vollziehen. Marie Antoinettes Leidenschaften brachen sich in aufwändigen Liebhabereien und wilden Festen Bahn. Bei einer dieser Gelegenheiten lernte sie den schwedischen Kavalier Hans Axel von Fersen kennen. Jahre später, nachdem sie sich immer wieder aus den Augen verloren hatten, kamen sie einander wirklich nahe. Fersen organisierte im Juni 1791 die abenteuerliche, letztlich gescheiterte Flucht der königlichen Familie, die der Pariser Mob als Geiseln genommen hatte. Fersen und Marie Antoinette wurden nun ein Liebespaar. Die Königin hatte den Schmelz ihrer Jugend verloren, aber auch jeden Anflug von Leichtsinn und Leichtlebigkeit. Erst im Februar 1792 gelangte Fersen auf abenteuerlichen Wegen wieder in die Tuilerien. „Ging auf meinen üblichen Wegen zu ihr, hatte Angst vor den Nationalgardisten; sie wohnt herrlich; den König sah ich nicht. Blieb dort." Fersen mühte sich unablässig, die geliebte Königin vor den Revolutionären zu retten. Vergeblich. Im Oktober 1793 wurde Marie Antoinette in einem widerwärtigen Schauprozess zum Tode verurteilt und hingerichtet.

Schriftstellerin im Königreich

Sie wurde im gleichen Jahr geboren wie die Königin Victoria, die dem Zeitalter ihren Namen gab. Doch ihr eigener Name versprach ihr weniger Erfolg. Eigentlich hieß sie Mary Ann Evans, nannte sich später, als freischaffende Schriftstellerin Marian Evans, bis sie sich 1858 schließlich das männliche Pseudonym George Eliot zulegte, um in der männlich dominierten Literaturszene akzeptiert zu werden. Streng religiös erzogen, lernte sie mit 22 den Seidenfabrikanten und Freidenker Charles Bray kennen, unter dessen Einfluss sie aus der Kirche austrat. Sie übersetzte die religionskritischen Schriften von David Friedrich Strauß ins Englische. Der Philosoph Herbert Spencer machte sie mit dem Journalisten und Schriftsteller George Henry Lewes bekannt, mit dem sie 24 Jahre, bis zu dessen Tod 1878, zusammenlebte. Er war der Mann, für den sie ihre Unabhängigkeit nicht aufgeben musste. Als sie – mit fast 40 – ihre Romane zu schreiben begann, legte sie ihnen die Erfahrung ihrer jahrelangen philosophischen Studien zugrunde. An die Stelle der offiziellen Religion, die sie für falsch und verlogen hielt, sollte eine „Sittlichkeit des Herzens" als Triebkraft des Fühlens, Denkens und Handelns treten. Mit ihren Romanfiguren zeichnet sie – bekanntermaßen eine Stärke aller Skorpione – einfühlsame Porträts von großer psychologischer Tiefe und Wahrhaftigkeit. Der „Sittlichkeit des Herzens", die sich der herrschenden victorianischen Moralvorstellung nicht unterordnen wollte, blieb sie bis zuletzt treu. Nach dem Tod ihres Lebensgefährten heiratete sie einen gemeinsamen Freund, den 21 Jahre jüngeren amerikanischen Bankier John Walter Cross.

George Eliot, geb. am 22. November 1819 als Mary Ann Evans in Arbury Farm, gilt dank ihrer großen, von psychologischem und sozialethischem Empfinden gleichermaßen durchdrungenen Romane („Adam Bede" 1859, „The Mill on the Floss" 1860, „Middlemarch" 1871/72) als Begründerin des modernen englischen Romans. George Eliot starb am 22. Dezember 1880 in London.

Die Königin im Winter

Katherine Hepburn, geb. am 8. November 1907 in Hartford, Connecticut, erhielt im Laufe ihrer Karriere vier Oscars als beste Darstellerin. 1933 für „Morgenrot des Ruhms", 1968 für „Rate mal, wer zum Essen kommt", 1969 für „Der Löwe im Winter", 1982 für „Am goldenen See". Insgesamt wurde sie zwölfmal für diesen begehrtesten aller Filmpreise nominiert.

Hollywood hat viele Film-Königinnen und -Prinzessinnen gesehen; sie aber ist – um im Bild zu bleiben – die Königin-Mutter des amerikanischen Films. Katherine Hepburn war einer der ersten großen Stars des Tonfilms, galt – unerklärlichweise – in den 30er Jahren plötzlich als „Kassengift", bevor ihre Karriere einen erneuten Höhenflug antrat. 1942 drehte sie mit Widder-Mann Spencer Tracy den Film *Eine Frau, von der man spricht.* Ein Welterfolg; der erste einer ganzen Reihe gemeinsamer Filme. Spencer und Kate waren nicht nur im Film Partner, sondern auch im Leben. Eine 27-jährige Romanze, wie kein Hollywood-Film sie schöner erfinden könnte, verband die beiden. Verheiratet waren sie nicht. Zum letzten Mal standen sie in *Rat mal, wer zum Essen* kommt gemeinsam vor der Kamera. Kate bekam ihren zweiten Oscar, Spencer starb zwei Wochen nach Ende der Dreharbeiten. Unvergesslich auch ihr Spiel in *African Queen* an der Seite von Humphrey Bogart und *Am goldenen See* neben Henry Fonda, für den sie einen Oscar bekam. Oscargekrönt auch ihre Eleonore in *Der Löwe im Winter* an der Seite von Peter O'Toole als Heinrich II. und Anthony Hopkins als Richard Löwenherz; in die Figur der leidenschaftlichen und unabhängigen Frau, Gemahlin zweier Könige und Mutter zweier Könige, floss ihre ganze Skorpion-Energie.

Katherines einzige Ehe – 1928 mit einem Mann namens Ludlow Smith – endete schnell und belanglos; zwei Wochen versuchte sie eine „richtige Ehefrau" zu sein, dann lief sie davon. Spencer hat sie nie aus ihrem Herzen verloren. Als sie 1996 – 88-jährig – schwer erkrankte und wider Erwarten genas, erklärte sie der Presse: „Spencer hat 30 Jahre gewartet; er muss sich noch etwas gedulden."

Fantasievolle Männer

Briefe eines Verstorbenen

Er war der sächsischste der Preußen, dieser „fashionabelste aller Sonderlinge, Diogenes zu Pferde", dem Heinrich Heine seine Lutetia widmete, Herumtreiber und Landschaftsarchitekt, Charmeur und Händelsucher, Hermann Ludwig Heinrich Fürst zu Pückler-Muskau, der sich noch mit 85 freiwillig zum Militärdienst meldete, ein Lebemann und Bankrotteur, ein Dandy, ein Protododaist. Als Schriftsteller nahm er Karl May vorweg, als Architekt übersetzte er englische Gartenkunst ins Deutsche. Als liberaler Star bürgerlicher Salons bewies der Aristokrat, dass der Adel noch etwas zuwege brachte. 1817 hatte der 32-jährige seine „Schnucke" geheiratet, die neun Jahre ältere Tochter des preußischen Staatskanzlers Hardenberg, Lucie geschiedene Reichsgräfin Pappenheim. Gemeinsam setzen sie bei Muskau eine neue Welt in die platte Ebene diesseits der Neiße. Und viele Taler in den Sand. Aus der Finanznot gebar das Paar nach neun Jahren Ehe die delikate Idee einer formellen Scheidung, damit sich Pückler im splendiden England eine reiche Partie angeln könnte. Die Brautschau in England war ein Flop. Die Reisebriefe aber, die Hermann seiner Schnucke schrieb, brachte Lucie als Briefe eines Verstorbenen zum Druck. Ein enormer buchhändlerischer Erfolg, der nicht nur das Genre der Reiseschriftstellerei belebte, sondern auch Geld in die Kassen des klammen Paares spülte. Die sonderbare Beziehung überdauert in 37 Jahren alle Irritationen, selbst als Pückler von einer seiner Reisen Machbuba, eine junge Abessinierin mitbringt, den Umzug nach Branitz, wo eine neue Gartenland-

Hermann Ludwig Heinrich Graf von Pückler (Fürst seit 1822), geb. am 30. Oktober 1785 auf Muskau, hinterließ neben den Landschaftsgärten in Muskau und Branitz sein Buch „Andeutungen über Landschaftsgärtnerei", die „Briefe eines Verstorbenen" und zahlreiche Reisebeschreibungen. Pückler starb am 4. Februar 1871 in Branitz.

schaft entsteht. Lucie stirbt 1854 mit 78 Jahren. Pückler lässt sie auf einer Insel in einem künstlichen See bestatten, er selbst lässt sich daneben einen pyramidenartigen Tumulus aufschütten, den er sich zu seiner eigenen Grabstätte erwählt.

Ein Vierteljahrhundert Werben

Arnold Zweig, geb. am 10.November 1887 in Glogau, verarbeitete seine Weltkriegserlebnisse als Armierungssoldat im Westen und als Pressemitarbeiter beim Stab Ober-Ost in den großen Antikriegsromanen „Der Streit um den Sergeanten Grischa", „Junge Frau von 1914" und „Erziehung vor Verdun". Nach der Emigration in Palästina kehrte er 1948 nach Ost-Berlin zurück, wo er, hoch angesehen und mit Ehrenämtern überhäuft, am 26.November 1968 starb.

Die DDR reklamierte ihn als Kronzeugen für den „sozialistischen Realismus". Die zwieschlächtige Leidenschaft dieses Dichters blieb tabu. Ins realsozialistische Zeitbild passten die Briefe nicht, die Arnold und Beatrice Zweig an ihre Freundin Helene Weyl, die Frau eines bedeutenden Mathematikers, schrieben. Ganz unverblümt laden die Zweigs Helene ein, in der freizügig geführten Ehe zwischen Arnold und Beatrice die Dritte im Bunde sein. Neben seitenlangen Schilderungen ihres sexuellen Begehrens füllen Ratschläge, wie man sich ein „Gummi Pessar aus bestem Material" selbst einsetzt, die Briefseiten. Mit demonstrativer Offenheit wollten die Zweigs die intellektuellen wie emotionalen Abgründe überbrücken, die ihre zuweilen bohemehaften Künstlerexistenz von der kultivierten und arrivierten Akademikerin Helene Weyl trennte. Und nur im Briefwechsel konnte Helene auf dieses – vielleicht auch für sie reizvolle und erregende – Spiel eingehen. Die wenigen gegenseitigen Besuche hinterließen stets ein Gefühl der Verstörtheit bei allen Beteiligten. Die Verbindung zerbrach 1938, als Zweig an die Übersiedelung in die USA dachte, nach Princeton, wo die Weyls zum akademischen Establishment gehörten. Ein letzter Besuch machte 1939 die „Unterschiede des Denkens in wichtigen Bezirken" unübersehbar.

Verhüllungsszenarien, Rätselspiele

Als kleiner Junge begegnete er das erste Mal einem Künstler, der alte, zerfallene Säulen malte. „Die Kunst des Malens erschien mir damals als etwas Magisches und der Maler selbst im Besitz übernatürlicher Kräfte." Halbwaise geworden, nachdem sich seine Mutter in einem Fluss ertränkt, als der Junge 14 ist, hat der Maler René Magritte später über den Tod der Mutter kaum gesprochen; nur über das Gefühl, das ihm später unangenehm war: „Stolz, Mittelpunkt eines Dramas zu sein". Aber in Bildern wie den *Träumereien eines einsamen Spaziergängers* – spätere Bilder nehmen immer wieder das Motiv des einsamen Spaziergängers am Fluss auf, der dem Betrachter den Rücken zukehrt – wird René Magritte dieses einschneidende Erlebnis verarbeiten. Verhüllungsszenarien und Versteckspiele nehmen einen wichtigen Platz in seinem Schaffen ein. Szenen, manchmal geradezu fotorealistisch dargestellt, deren Kern von einem Bild im Bild verdeckt wird. Gesichter, verhüllt oder verdeckt, wie das des Mannes in *Der Menschensohn*, vor dem ein grüner Apfel schwebt. Vexierbilder wie das der Reiterin im Wald, das durch den Titel *Blankoscheck* noch rätselhafter wird. Es ist, als suche Magritte das Wesen der Dinge im Verschweigen, Vorenthalten. Sein Privatleben scheint von dieser Rätselhaftigkeit kaum berührt. Schon während der Schulzeit in Charleroi lernt er das Mädchen kennen – Georgette Berger, damals 12-jährig – mit der ihn eine lebenslange Liebe und Ehe verbinden sollte. Nur eine einzige Irritation berührte diese Liebe – Georgettes langjährige Affäre mit einem engen Freund ihres Mannes. Magritte soll sie in diese Affäre geradezu gedrängt haben. War es nicht doch Teil eines Versteckspiels?

René Magritte, geb. am 21. November 1898 in Lessines, zählt zu den maßgeblichen Repräsentanten des so genannten veristischen Surrealismus. Er begann mit abstrakter Malerei und fand unter dem Einfluss französischer Surrealisten seinen typischen Stil, der realistisch genaue Abbildungen zu traumhaft unwirklichen, rätselhaften und symbolischen Motiven verknüpft. Magritte starb am 15. August 1967 in Brüssel.

Bekannte Skorpion-Frauen und ihre Verbreitungsgebiete

Hollywood & Co	Jodie Foster, Demi Moore, Winona Ryder, Jamie Lee Curtis, Sophie Marceau, Annie Giradot, Whoopi Goldberg, Sally Field, Roseanne Arnold, Meg Ryan, Grace Kelly, Vivien Leigh, Jean Seberg, Johanna von Koczian, Marika Rökk, Elke Sommer, Hedi Lamarr
Medien	Hera Lind
Theater	Sybil Thorndike
Konzertpodium	Vanessa Mae
Oper	Joan Sutherland, Barbara Hendricks
Ballett	Mary Wigman, Reinhild Hoffmann, Maja Plisezkaja
Rock & Pop	Petula Clark, Kim Wilde, Ofra Haza, Bonnie Raitt
Showbiz	Amanda Lear
Dichterstube	Dorothea Schlegel, Astrid Lindgren, Selma Lagerlöf, Ilse Aichinger, Margaret Mitchell, Anna Seghers, Claire Goll, Margaret Atwood, Sylvia Plath, Nadine Gordimer
Staffelei	Angelika Kauffmann, Hannah Höch, Georgia O'Keefe
Labor	Marie Curie, Lise Meitner
Lifestyle	Beate Uhse, Shere Hite
Trend	Jill Sander, Micol Fontana
Politik	Indira Gandhi, Cornelia Schmalz-Jacobsen
Zeitgeschehen	Farah Diba, Barbara Hutton, Hillary Clinton
Geschichte	Marie Antoinette, Johanna „die Wahnsinnige"
Sportarena	Nadia Comaneci (Turnen), Dawn Fraser (Schwimmen)

Bekannte Skorpion-Männer und ihre Verbreitungsgebiete

Burt Lancaster, Charles Bronson, Alain Delon, Rock Hudson, Richard Burton, Bud Spencer, Roy Scheider — **Hollywood & Co**

Martin Scorsese, Luchino Visconti, Louis Malle — **Regiestuhl**

René Kollo, James Bowman — **Oper**

Gilbert Becaud, Eros Ramazotti, Manfred Mann — **Jazz, Rock, Pop**

Niccolo Paganini, David Oistrach, Walter Gieseking — **Konzertpodium**

Eugen Jochum, Ernest Ansermet, Daniel Barenboim — **Dirigentenpult**

Carl Maria von Weber, Georges Bizet, Alexander Borodin, Paul Hindemith, Luciano Berio — **Notenzimmer**

Guido Reni, Jan Vermeer, William Hogarth, Claude Monet, August Rodin, Roy Lichtenstein, Pablo Picasso — **Staffelei**

Friedrich Schiller, Fjodor Dostojewski, Hans Magnus Enzensberger, Gerhart Hauptmann, August von Platen, Robert Musil, Albert Camus, Michael Ende — **Dichterstube**

Karl Baedeker, Reinhold Neven Du Mont — **Verlag**

Wolfgang Joop, Calvin Klein — **Trend**

Loriot — **Multiplex**

Christiaan Barnard — **OP**

Michail Lomonossow, Konrad Lorenz — **Wissenschaften**

Edmond Halley, Friedrich Wilhelm Herschel — **Observatorium**

Domitian, Karl der Kühne, Martin Luther, Graf von Egmond, Herzog von Alba, Leo Trotzki — **Geschichte**

Uwe Seeler (Fußball), Alexander Aljochin (Schach) — **Sportarena**

5. Lifestyle: Wie Skorpione leben

Das Leben der Skorpione verläuft sehr organisiert. Sie schaffen stets Ordnung im System – außen wie innen. Es ist aber nicht die Ordnung eines kleingeistigen deutschen Beamten oder die einer einsamen frustrierten Hausfrau – für den Skorpion ist Ordnung Philosophie. Sie ist sein Instrument, ein Mittel zum Zweck. Sie dient ihm zur Analyse: schafft Überblick, Klarheit, Vorsprung. Trifft man bei einem Skorpion auf Unorganisiertheit, so kann man sicher sein, dass es dann um ein Terrain geht, das er nicht zu erobern gedenkt.

Business as usual

Schon am Morgen ist er Herr der Lage. Das Aufstehen – ein organisiertes Drama: Er stellt seinen Wecker auf einen Teller, dass es scheppert, im Radiowecker liegt seine Lieblingsmelodie. Oder er richtet Partner, Hund oder Katze ab, ihn zärtlich kosend zu wecken. In der Not muss der telefonische Weckdienst herhalten.

Wer geht zuerst unter die Dusche? Der Skorpion. Wer sitzt zuerst am gedeckten Frühstückstisch? Der Skorpion. Ist der Skorpion Single, so hofft er allmorgendlich, das Frühstück mit der Morgenzeitung vor der Tür vorzufinden.

Er ist in der Regel überaus pünktlich: Man findet ihn z.B. immer im gleichen Bus, an der gleichen Stelle im Stau … Wenn er das Büro betritt, beginnt dann für alle der Arbeitstag, selbst wenn die schon zwei Stunden vor Ort sind.

Wochenend
und Sonnenschein ...

Ausgesprochene Outdoor-Menschen sind Skorpione nicht. Wenn sie den heimischen Herd verlassen, dann unter anderem deshalb, um einer Sportart nachzugehen. Joggende Skorpione laufen nicht einfach so zum Spaß durch den Wald, sie wollen mindestens einmal am Berlin-Marathon teilnehmen, und wenn sie sich dort qualifiziert haben, zieht es sie auch zu Höherem.

So diesseitig und karrierebewusst Skorpione in ihrem Berufsleben auch sind, in der Freizeit tauschen sie den grauen Nadelstreifenanzug oder das klassische Kostüm gegen den Umhang des Magiers oder gegen die Arbeitskluft des Archäologen.

♥ Skorpione lassen sich in endlose Debatten über UFO-Phänomene verwickeln. Übersinnliche Erscheinungen sind für sie nicht irgendein Quatsch von Tische rückenden alten Jungfern, sondern Grenzphänomene, die ihren Erfahrungsschatz bereichern

♥ Skorpione geben sich nicht mit dem zufrieden, was sie oberflächlich sehen. Sie rücken einer alten Burg mit Metalldetektoren zu Leibe und beweisen die These eines vor 100 Jahren gestorbenen Heimatforschers, dass es zwei Meter tief im Gemäuer noch Reste alter Bleiwasserrohre aus dem 15. Jahrhundert gibt.

Das verborgene Konstrukt hinter dem Augenschein zu entdecken, gehört zu den größten Freizeitvergnügungen der Skorpione. Ganz gleich, ob es sich um ein altes Fachwerk handelt, das sie vom Rauputz der 60er Jahre befreien, oder ob es darum geht, bei einer komplizierten Schachaufgabe eine doppelte Nowotny-Verstellung zu knacken.

Sich wohl fühlen

1: Body ...

Nach überkommener astromedizinischer Ansicht sind Genitalien und Steißbein die empfindlichsten Teile. Skorpione, die sich Extremsportarten widmen, sollten sich hüten, allzu heftig auf den Allerwertesten zu fallen. Oft laborieren sie dann sehr lange an kleinsten Blessuren in dieser Körperregion. Bekanntlich ist Vorbeugen besser als nach hinten Fallen.

Da Skorpione in jeder Hinsicht Genussmenschen sind, zeichnet sich oft die Fülle der Genüsse an der Fülle des Leibes ab. Manchmal glauben sie, mit extremer körperlicher Belastung diese Spuren wieder tilgen zu können, häufig fügen sie ihnen aber in Form von Muskelfaserrissen neue Spuren hinzu.

2: ... and Soul

Viele „Leiden" des Skorpions sind psychosomatischer Natur. Erstaunlicherweise können Skorpione selten unterscheiden, was nur ein schiefer Blick war und was eine wirkliche Intrige, eine existenzielle Bedrohung ist. Sie nehmen sich alles gleichermaßen zu Herzen. Kein Wunder, dass lange andauernder Stress sich auf die „Ansprechorgane" niederschlägt, dass namentlich bei Männern Potenzprobleme auftreten, die den Psychostress noch weiter verschärfen. Für Partner und Partnerinnen von Skorpionen bedeutet die Psychohygiene eine ständige Herausforderung. Der Wohlfühlweg des Skorpions führt über den Kopf. Wer ihm dabei die Hand reicht, den schließt er für immer in sein Herz.

66

Outfit

♥ Das Outfit der Skorpion-Dame verändert sich im Laufe ihres Lebens mehrfach. Im jugendlichen Alter geht sie mit der Mode, macht jeden Quatsch mit, von der Plateausohle bis zum Minirock. In Zeiten, da schrille Farben – Giftgrün, Orange, Blutrot – die Mode bestimmen, neigt sie sogar zu Übertreibungen. Mit wachsender Lebenserfahrung bekommt sie mit, das nichts schneller unmodern wird als die Mode. Sie findet mehr und mehr ihren eigenen Stil, wobei sie Garderobe, Accessoires, Make-up und Parfums gleichsam instrumentalisiert, um ihren Sexappeal zu unterstreichen. Noch später vollzieht sie vielleicht eine weitere Wende, verzichtet auf modische Unterstreichungen zugunsten bewusster Zurücknahme. Eine fünfzigjährige Skorpionin kann ungeschminkt und in Jeans erotischer aussehen als eine „angemalte" Zwanzigjährige im Mini.

♥ Der Skorpion-Mann ist zwar kein ausgemachter T-Shirt-Träger, dürfte es aber schwer haben, jemals zum bestangezogensten Mann des Jahres gekürt zu werden. Seine Garderobe wirkt eher nachlässig als gestylt, doch findet er mit der Zeit den Dreh, seine Nachlässigkeit zum Stil zu kultivieren. Er trägt ein ungebügeltes Hemd und knitterige Hosen so, dass man meint, er wolle damit eine neue Modelinie kreieren. Bei aller Nachlässigkeit wird man an ihm aber selten Unpassendes, Übertriebenes oder Provozierendes entdecken.

Ausgehen und Genießen

Skorpione bevorzugen „Komplettlösungen" für das Genießen outdoors. Nachmittags Museum, anschließend Imbiss in einem netten Caféhaus, abends ein Sinfoniekonzert oder ein Opernbesuch, und zum Schluss noch ein festliches Essen in einem Weinlokal, das bis in die frühen Morgenstunden ausgedehnt werden kann – das ist Ausgehen nach Art des Skorpions.

♥ Locations, an denen der Skorpion sich wohl fühlt: Lokale mit großer Menüauswahl und moderaten Preisen; er möchte nicht als Gourmet angesehen (und entsprechend abkassiert) werden, ist aber einem Gaumenexperiment durchaus zugeneigt. Aber auch die Bierkneipe, in der er sich am Stehtisch mit Freunden trifft, wird häufig von Skorpionen frequentiert.

♥ Anti-Locations: Fastfood-Lokale, Bahnhofsgaststätten, Espresso-Theken auf Flughäfen, Night-Clubs und Rotlichtetablissements.

♥ Essen gehen ist ein weiterer Grund für Skorpione, das Haus zu verlassen, denn sie stehen nicht gern stundenlang in der Küche wie manch anderer, für den der Weg der Zubereitung schon das Ziel des Genusses ist. Bei gutem und reichlichem Essen werden männliche wie weibliche Skorpione schwach.

♥ Trinken ist einfach Aufnahme von Flüssigkeit. Jeder Skorpion, gleich welchen Alters und Geschlechts, hat einen, seinen Lieblingswein. Der natürlich selten, aber dabei nicht einmal teuer ist. Auch mit geheimnisvollen Cocktailmischungen wartet ein Skorpion gern auf, wenn er seine Gäste überraschen will.

♥ Partys sind ihm am liebsten, wenn sie bei ihm zu Haus stattfinden oder wenn er sie ausrichtet. Das gibt ihm das Gefühl, der Regisseur des Abends zu sein, der alle Fäden in der Hand hat.

Zu Hause sein

Das Zuhause ist für den Skorpion der Kristallisationspunkt seiner fixen Wasserenergie. Für den Alltag bildet es das Organisationszentrum, in dem Skorpione sich sicher fühlen. Schon sehr früh entwickeln sie klare Vorstellungen, wie ihr Zuhause aussehen soll, was nicht ausschließt, dass es im Laufe ihres Lebens beständigen Wandlungen unterworfen bleibt. Eine Skorpion-Wohnung wird niemals gesichtslos wirken. Auch stilistische Entgleisungen, wie sie bei anderen, in Design-Fragen unbekümmerten Sternzeichen hin und wieder vorkommen, sind bei Skorpionen ausgesprochen selten. Skorpione gelten gemeinhin als ortsfest, haben eine emotionale Bindung an ihr Zuhause – und können es sogar in einer WG lange aushalten.

♥ Die Atmosphäre einer Skorpion-Wohnung strahlt so etwas wie traditionelle Gemütlichkeit aus, an der sich noch kein innenarchitektonischer Gestaltungswille patzig gemacht hat. Ohne durch Plüsch und Plunder belastet zu sein, durchweht oft ein Hauch von Kunst das Zuhause des Skorpions. Es kann das echte Ölbild eines unbekannten Niederländers sein oder eine moderne Kleinplastik, die den ästhetischen Drehpunkt der Wohnung bilden.

♥ Das Ambiente ist meistens eher konservativ als modern; dieser Konservatismus kann sich in kompromisslos strengem Bauhausstil manifestieren, häufiger werden Skorpione sich aber alte Möbel zulegen, echt, aber benutzbar; sie wollen nicht in einem Antiquitätengeschäft leben, aber sie werden, sobald es ihr Geldbeutel erlaubt, die Konfektionsware der Möbelindustrie durch wertvolle Stücke erlesener Handwerksarbeit ersetzen.

Wegfahren

Wenn Skorpione reisen, wollen sie etwas erleben, was sie zu Hause nicht erleben können. Eine Reise ins äthiopische Aksum, um zu sehen, wie die Priester bei der Timkat-Prozession eine Imitation der Bundeslade aus dem Sanktuarium holen, dürfte nach ihrer Vorstellung sein. Stonehenge, der berühmte Steinkreis in Südengland zieht ihn ebenso an wie die Tempel von Nepal oder die Kirche von Edschmiadsin in Armenien. Der Orient übt ganz allgemein eine magische Anziehungskraft auf Skorpione aus.

Traumwelten

Die Traumwelten der Skorpione haben häufig etwas mit Wandlung und Erlösung zu tun. Nicht wenige der bedeutendsten Schauspieler waren Skorpione. Die Umgrenzung der eigenen Persönlichkeit durchbrechen, Erfahrungen zu machen, die nicht nur das Individuum, sondern den Menschen als Gattungswesen betreffen, dieser Traum bringt Skorpione nicht nur dem Schauspielerberuf nahe, sondern lässt sie auch immer wieder hoffen, als Entdecker, Forscher oder gestaltender Politiker zu den Vordenkern der Gesellschaft zu gehören.

Laster

Schon fast klischeehaft spricht man von den Schatten, die von Skorpionen angeblich geworfen werden. Oft nennt man sie nachtragend und verschweigt, dass sie vor allem jede ihnen erwiesene Wohltat mit lebenslanger Anhänglichkeit und treuer Dankbarkeit belohnen. Ein für andere wirklich gefährliches Phänomen ist allerdings: Skorpione, die von der Astrologie als Krisenzeichen des Tierkreises betrachtet werden, neigen mitunter dazu, ihr feines Gespür für Wandlungen, Veränderungen und auch Unglücke, die sie persönlich betreffen, in einem Maße zu verallgemeinern, dass sie bei anderen Panikgefühle, ja Katastrophenstimmung auslösen können.

Accessoires, *unentbehrliche*	Seit die elektronischen Organizer Notizbuch-, Kalender- und Planungsfunktionen miteinander verbinden und überdies noch PC-kompatibel sind, hat mancher Skorpion einen vorbildlich aufgeräumten Schreibtisch. Sein persönliches Management ist von Papier und Zettelwirtschaft befreit.
Blumen	Gewöhnlicher Grünkram darf es nicht sein. Orchideen. Herbstzeitlose. Auch – wegen seiner Schattenseiten – Mohn. An der Pflanzenwelt allgemein bewundert er das Mysterium von Werden und Vergehen.
Cityverbindungen	Die weißen Nächte in St. Petersburg erleben, in Moskau über den alten Arbat schlendern, in Washington das Weiße Haus besichtigen oder in München im Englischen Garten einfach im Gras liegen.
Drink	Cocktails aus absonderlichen Ingredenzien, in denen statt der Olive als besonderes Schmankerl vielleicht ein kandierter Maikäfer schwimmt.
Edelsteine	Rubin, Granat und Karneol gelten als Glückssteine des Skorpions. Auch Aquamarin, Onyx und Vesuvian werden ihm zugeordnet. Der Rubin soll seine sexuelle Energie stärken, der Granat seinen Kreislauf unterstützen und der Aquamarin sein Immunsystem stabilisieren.
Fernsehen	Wenn in der Vergangenheit jemand den Videorecorder herbeigesehnt hat, dann war es bestimmt ein Skorpion. Denn natürlich ist ein Fernsehprogramm niemals so, wie er es machen würde. Und er ist der vielleicht nicht ganz unbegründeten Ansicht, dass immer mehr Programme das Fernsehen immer einförmiger machen. Mittels Videorecorder bastelt er sich sein eigenes Fernsehprogramm, und natürlich archiviert er jede Mystery-Serie.

Skorpione sind körperbewusst, denn sie sind in der Regel sportlich – und auch ein wenig eitel. Physische Beeinträchtigungen sind oft psychosomatischen Ursprungs; allerdings nehmen Skorpione Krankheiten wenig ernst.

Gesundheit

Er kauft sich einen Dalmatiner und ärgert sich nach drei Wochen, dass sein gefleckter Gefährte kein Schäferhund ist, den er sich schon seit Kindertagen gewünscht hat – typisch Skorpion.

Haustiere

In einer Hängematte im tropischen Regenwald hin und her pendeln und plötzlich die versunkenen Ruinen einer alten Maya-Stadt entdecken.

Idyll

Skorpione schätzen schwarzen Humor, zum Beispiel Cartoons wie diesen: Lord Merryweather hat sich an der Klingelschnur erhängt; ihm zu Füßen verbeugt sich höflich der Butler und sagt: „Sie haben geläutet, Sir?"

Jux

Der Name der Rose hat er zwei- bis zwölfmal gesehen. Filme von Peter Greeneway, wie *Der Kontrakt des Zeichners* oder *Prosperos Bücher* sind klassische Skorpion-Filme. Ettore Scolas *Die Flucht nach Varennes* ist sein Lieblingsfilm, nicht nur, weil Marie Antoinette eine Skorpionin war.

Kino

Umberto Ecos *Der Name der Rose* hat er natürlich nicht nur im Kino gesehen, sondern auch gelesen. Sein Exemplar ist mit einer Fülle von Randglossen versehen. Die Werke seiner Mit-Skorpione Dostojewski, Musil, Camus oder Michael Ende gehören zu seinem bevorzugten Lesestoff, auch Sciencefiction von Rang, zum Beispiel Stanislaw Lems *Solaris*.

Lesen

Skorpione schätzen Komponisten, denen das Ringen um die Form nicht nebensächlich war. Bach ebenso wie Hindemith, Beethoven wie Schönberg.

Musik

New Age Im Voodoo-Kult finden Skorpione eine faszinierende Naturreligion, die sie nicht nur als folkloristische Beigabe eines Karibikurlaubs wahrnehmen, sondern bis zu ihren westafrikanischen Wurzeln zurückverfolgen. Nicht nur die dunkle Seite des Kults, die in Europa fast ausschließlich mit Voodoo identifiziert wird, fasziniert sie, sondern vor allem die Tatsache, dass sich dieser Kult ohne Schwierigkeit dem modernen „westlichen" Leben anzupassen vermag.

Outdoor Hochmoore oder vulkanische Landschaften, Tempel oder Katakomben, äthiopische Bergkirchen oder die Höhlen von Lasceaux – wenn es für ihn nichts zu entdecken gibt, das seinen Erfahrungshorizont erweitert, bleibt ein Skorpion lieber gleich zu Hause.

Prosa Die Prosa des Lebens findet für den Skorpion am Computer statt. Was hat der Skorpion eigentlich vorher gemacht. Tagebuch geführt? Das Tagebuch sah aus wie die Netzwerkplanung einer Großbaustelle. Jeder Skorpion hätte das Zeug zum Systemtheoretiker.

Rezepte, Lieblings- Skorpione lieben's scharf und würzig. Es passt zu diesem Sternzeichen, dass es auch Lebensmittel goutiert, die nicht mehr ganz taufrisch sind. Fast jeder Skorpion kennt ein Rezept zur Resteverwertung wie jenes legendäre Shao Fan, in dem alte Wurst, Gemüseabfälle und der Rest vom letzten Dosengulasch im Reisbett zu einer würzigen Pastete verbacken werden.

Spiele Schach. Mit einem realen Gegner oder gegen den Computer: Jede Partie ist eine Herausforderung. In seiner Jugend hat ihm ein alter Arzt einmal gesagt, er spiele einen recht gepflegten Caféhausstil. Das empfand er damals als verletzend bis er erfuhr, dass jener Arzt im Caféhaus noch gegen Siegbert Tarrasch gespielt hatte.

74

Es ist nicht Ausdruck militaristischer Gesinnung, wenn sich der Skorpion in einem Zimmer seines Hauses türkische Krummschwerter oder eine mittelalterliche Rüstung hinhängt. Diesem eher männlichen Hobby setzen Skorpion-Damen gelegentlich den Tick entgegen, die eigene Ahnenreihe auszuforschen und sich ein Familienwappen zuzulegen.

Tand und Tinnef

Ein kunstgewerblicher Skarabäus, die unvermeidliche „Hand der Fatima", ein Voodoo-Fetisch vom Trödelmarkt sind klassische Urlaubsmitbringsel, die dem Skorpion zwar nicht unbedingt Freude machen, ihm aber immerhin signalisieren, dass man ihn so akzeptiert, wie er ist.

Urlaubsmitbringsel

Zu Wasserfahrzeugen hat der Skorpion unbegrenztes Vertrauen. Seine besondere Liebe gilt amphibischen Fahrzeugen, von denen man einmal glaubte, dass ihnen die Zukunft gehöre. Ginge es nach den Skorpionen, wären U-Boote längst normale Massenverkehrsmittel.

Verkehrsmittel

Skorpione schätzen schwere Düfte, sinnlich orientalische Essenzen, ja sogar dumpf faulige Noten. Es erregt ihn, wenn eine Frau duftet wie ein hundertjähriges Klavier, in das man eine Flasche Möbelpolitur gekippt hat.

Wohlgerüche

Wenn er morgens die Zeitung aufschlägt, und bei dieser Unternehmung fallen ihm als erstes zwei Pfund Werbebeihefter auf den Schoß, ist sich der Skorpion auf einmal gar nicht mehr sicher, ob er nicht heute doch noch Amok läuft. Seiner Ansicht nach ist das Papierzeitalter vorbei; er hat seinen Schreibtisch nicht elektronisch gereinigt, um ihn sich mit Zeitungspapier vollzumüllen. Aktuelle Meldungen und Fachinformationen besorgt er sich aus dem Internet.

Zeitungen

ISBN 3 8068 1908 4

©1998 by FALKEN Verlag, 65527 Niedernhausen/Ts.

Umschlaggestaltung und Layout: Rincon², Design & Produktion GmbH, Köln
Titelbild: Rincon², Design & Produktion GmbH, Köln/Mark Klinnert
Zeichnungen: Rincon², Design & Produktion GmbH, Köln/Mark Klinnert
Redaktion: Thomas Wieke, Markus Hederer
Herstellung: Sabine Vogt

Satz: FALKEN Verlag, Niedernhausen/Ts.
Druck: Ernst Uhl, Radolfzell

817 2635 4453 6271